卞尺丹几乙し丹卞と

Translated Language Learning

Le Pêcheur et son Âme

The Fisherman and his Soul
Oscar Wilde

Français / English

Copyright © 2022 Tranzlaty
All rights reserved.
Published by Tranzlaty
ISBN: 978-1-83566-040-9
Original text by Oscar Wilde
The Fisherman and his Soul
First published in English in 1891

www.tranzlaty.com

La Sirène / The Mermaid

Tous les soirs, le jeune pêcheur sortait en mer
Every evening the young Fisherman went out to sea
et le jeune pêcheur jeta ses filets à l'eau
and the young Fisherman threw his nets into the water
Quand le vent soufflait de la terre, il n'attrapait rien
When the wind blew from the land he caught nothing
ou il n'a attrapé que quelques poissons au mieux
or he caught just a few fish at best
parce que c'était un vent glacial et noir
because it was a bitter and black-winged wind
Des vagues agitées se sont levées pour rencontrer le vent de la terre
rough waves rose up to meet the wind from the land
Mais à d'autres moments, le vent soufflait vers le rivage
But at other times the wind blew to the shore
Et puis les poissons sont venus des profondeurs
and then the fishes came in from the deep
Les poissons nageaient dans les mailles de ses filets
the fishes swam into the meshes of his nets
Et il apporta le poisson sur la place du marché
and he took the fish to the market-place
et il vendit tous les poissons qu'il avait pêchés
and he sold all the fishes that he had caught

Mais il y avait une soirée spéciale
but there was one special evening
le filet du pêcheur était plus lourd que la normale
the Fisherman's net was heavier than normal
C'est à peine s'il pouvait tirer son filet sur le bateau
he could hardly pull his net onto the boat
Le Pêcheur se mit à rire en lui-même
The Fisherman laughed to himself
«J'ai sûrement attrapé tous les poissons qui nagent »
"Surely, I have caught all the fish that swim"

«ou j'ai pris au piège quelque horrible monstre »
"or I have snared some horrible monster"
«Un monstre qui sera une merveille pour les hommes »
"a monster that will be a marvel to men"
«Ou ce sera une chose d'horreur »
"or it will be a thing of horror"
«une bête que la grande Reine désirera »
"a beast that the great Queen will desire"
De toutes ses forces, il tira sur les cordes grossières
With all his strength he tugged at the coarse ropes
Il tira jusqu'à ce que les longues veines remontent sur ses bras
he pulled until the long veins rose up on his arms
comme des lignes d'émail bleu autour d'un vase de bronze
like lines of blue enamel round a vase of bronze
Il tira sur les minces cordes de ses filets
He tugged at the thin ropes of his nets
et enfin le filet monta à la surface de l'eau
and at last the net rose to the top of the water
Mais il n'y avait pas de poisson dans son filet
But there were no fish in his net
Il n'y avait pas non plus de monstre ou d'horreur
nor was there a monster or thing of horror
il n'y avait qu'une petite sirène
there was only a little Mermaid
Elle dormait profondément dans son filet
she was lying fast asleep in his net
Ses cheveux étaient comme une feuille d'or mouillée
Her hair was like a wet foil of gold
comme des flocons d'or dans un verre d'eau
like golden flakes in a glass of water
Son petit corps était comme de l'ivoire blanc
Her little body was as white ivory
et sa queue était faite d'argent et de perles
and her tail was made of silver and pearl
et les herbes vertes de la mer s'enroulaient autour de sa

queue
and the green weeds of the sea coiled round her tail
et comme des coquillages étaient ses oreilles
and like sea-shells were her ears
et ses lèvres étaient comme du corail marin
and her lips were like sea-coral
Les vagues de froid se précipitaient sur ses seins froids
The cold waves dashed over her cold breasts
et le sel luisait sur ses paupières
and the salt glistened upon her eyelids
Elle était si belle qu'il était rempli d'émerveillement
She was so beautiful that the he was filled with wonder
Il rapprocha le filet du bateau
he pulled the net closer to the boat
Penché sur le côté, il la serra dans ses bras
leaning over the side, he clasped her in his arms
Elle s'éveilla et le regarda avec terreur
She woke, and looked at him in terror
Quand il l'a touchée, elle a poussé un cri
When he touched her she gave a cry
cria-t-elle comme une mouette effrayée
she cried out like a startled sea-gull
Elle le regarda de ses yeux mauve-améthyste
she looked at him with her mauve-amethyst eyes
et elle lutta pour pouvoir s'échapper
and she struggled so that she might escape
Mais il la serra fort contre lui
But he held her tightly to him
et il ne lui permit pas de partir
and he did not allow her to depart
Elle a pleuré quand elle a vu qu'elle ne pouvait pas s'échapper
She wept when she saw she couldn't escape
«Je t'en prie, laisse-moi partir»
"I pray thee, let me go"
«Je suis la fille unique d'un roi»

"I am the only daughter of a King"
«S'il vous plaît, mon père est vieux et seul »
"please, my father is aged and alone"
Mais le jeune pêcheur ne la laissa pas partir
But the young Fisherman would not let her go
«Je ne te laisserai pas partir à moins que tu ne me fasses une promesse »
"I will not let thee go unless you make me a promise"
«Chaque fois que je t'appellerai, tu viendras me chanter »
"whenever I call thee thou wilt come and sing to me"
«Parce que ton chant ravit les poissons »
"because your song delights the fishes"
«ils viennent écouter le chant du peuple de la mer »
"they come to listen to the song of the Sea-folk"
«Et alors mes filets seront pleins»
"and then my nets shall be full"
La petite sirène vit qu'elle n'avait pas le choix
the little mermaid saw that she had no choice
«Me laisserais-tu vraiment partir si je te le promets?»
"Would thou truly let me go if I promise this?"
«En vérité, je te laisserai partir», a-t-il dit
"In very truth I will let thee go," he premised
Elle lui fit donc la promesse qu'il désirait
So she made him the promise he desired
et elle jura de le faire par le serment des gens de la mer
and she swore to do it by the oath of the Sea-folk
le jeune pêcheur détacha ses bras de la sirène
the young Fisherman loosened his arms from the mermaid
La petite sirène retomba dans l'eau
the little mermaid sank back down into the water
Et elle tremblait d'une étrange frayeur
and she trembled with a strange kind of fear

Tous les soirs, le jeune pêcheur sortait sur la mer
Every evening the young Fisherman went out upon the sea
et tous les soirs il appelait la sirène

and every evening he called out to the mermaid
La sirène sortit de l'eau et lui chanta
the mermaid rose out of the water and sang to him
Autour d'elle nageaient les dauphins
Round and round her swam the dolphins
et les mouettes sauvages volaient au-dessus de sa tête
and the wild gulls flew above her head
elle a chanté une merveilleuse chanson du peuple de la mer
she sang a marvellous song of the Sea-folk
Des sirènes qui conduisent leurs troupeaux de grotte en grotte
mermen who drive their flocks from cave to cave
Des sirènes qui portent les petits veaux sur leurs épaules
mermen who carry the little calves on their shoulders
elle a chanté les Tritons qui ont de longues barbes vertes
she sang of the Tritons who have long green beards
et elle chanta les poitrines velues du Triton
and she sang of the Triton's hairy chests
ils soufflent à travers des conques tordues au passage du Roi
they blow through twisted conchs when the King passes
elle chantait le palais du Roi
she sang of the palace of the King
le palais qui est entièrement fait d'ambre
the palace which is made entirely of amber
Le palais a un toit d'émeraude clair
the palace has a roof of clear emerald
et il a un pavé de perles brillantes
and it has a pavement of bright pearl
Et elle chantait les jardins de la mer
and she sang of the gardens of the sea
Des jardins où les grands fans de la vague de corail toute la journée
gardens where great fans of coral wave all day long
et les poissons s'élancent comme des oiseaux d'argent
and fish dart about like silver birds
et les anémones s'accrochent aux rochers

and the anemones cling to the rocks
Elle a chanté les grandes baleines qui viennent du nord
She sang of the big whales that come from the north
Ils ont des glaçons pointus accrochés à leurs nageoires
they have sharp icicles hanging from their fins
elle a chanté les Sirènes qui racontent des choses merveilleuses
she sang of the Sirens who tell of wonderful things
si merveilleux que les marchands se bouchent les oreilles avec de la cire
so wonderful that merchants block their ears with wax
ils se bouchent les oreilles pour ne pas les entendre
they block their ears so that they can not hear them
parce que s'ils les entendaient, ils sauteraient dans l'eau
because if they heard them they would leap into the water
et ils seraient noyés dans la mer
and they would be drowned in the sea
Elle chantait les galères englouties avec leurs grands mâts
she sang of the sunken galleys with their tall masts
Elle chantait les matelots gelés accrochés au gréement
she sang of the frozen sailors clinging to the rigging
Elle a chanté le maquereau nageant à travers les épaves
she sang the mackerel swimming through shipwrecks
Elle a chanté les petites balanes qui parcourent le monde
she sang of the little barnacles travelling the world
les balanes s'accrochent à la quille des navires
the barnacles cling to the keels of the ships
et les navires font le tour du monde
and the ships go round and round the world
Et elle chantait la seiche sur les flancs des falaises
and she sang of the cuttlefish in the sides of the cliffs
et ils étendent leurs longs bras noirs
and they stretch out their long black arms
ils peuvent faire venir la nuit quand ils le veulent
they can make night come when they will it
Elle a chanté le nautile, qui a une barque à elle

She sang of the nautilus, who has a boat of her own
un bateau sculpté dans une opale
a boat that is carved out of an opal
et le bateau est dirigé avec une voile de soie
and the boat is steered with a silken sail
elle a chanté les sirènes heureuses qui jouent de la harpe
she sang of the happy Mermen who play upon harps
ils peuvent charmer le grand Kraken pour qu'il s'endorme
they can charm the great Kraken to sleep
Elle chantait les petits enfants qui chevauchaient les marsouins
she sang of the little children riding the porpoises
Les petits enfants rient pendant que les marsouins montent
the little children laugh as the ride the porpoises
elle a chanté les sirènes qui gisent dans l'écume blanche
she sang of the Mermaids who lie in the white foam
et ils tendent les bras aux marins
and they hold out their arms to the mariners
Elle chantait les lions de mer aux défenses recourbées
she sang of the sea-lions with their curved tusks
Et elle chantait les hippocampes aux crinières flottantes
and she sang of the sea-horses with their floating manes
Quand elle chantait, les poissons venaient de la mer
When she sang the fishes came from the sea
Le poisson est venu l'écouter
the fish came to listen to her
le jeune pêcheur jeta ses filets autour d'eux
the young Fisherman threw his nets round them
et il attrapa autant de poissons qu'il en avait besoin
and he caught as many fish as he needed

quand son bateau fut plein, la Sirène coula à nouveau
when his boat was full the Mermaid sunk back down
Elle redescendit dans la mer en lui souriant
she went back down into the sea smiling at him
Elle ne s'est jamais approchée assez près pour qu'il la touche

She never got close enough for him to touch her
Souvent, il appelait la petite sirène
Often times he called to the little mermaid
et il la supplia de s'approcher de lui
and he begged to her to come closer to him
mais elle n'osait pas s'approcher de lui
but she dared not come closer to him
Quand il a essayé de la rattraper, elle a plongé dans l'eau
when he tried to catch her she dived into the water
comme lorsqu'un phoque plonge dans la mer
just like when a seal dives into the sea
et il ne la reverra plus ce jour-là
and he wouldn't see her again that day

Chaque jour, sa voix devenait plus douce à ses oreilles
each day her voice became sweeter to his ears
Sa voix était si douce qu'il en oublia les filets
Her voice so sweet that he forgot his nets
et il oublia sa ruse et sa ruse
and he forgot his cunning and his craft
Les thons passaient devant lui en grands bancs
The tuna went past him in large shoals
mais il n'y prêta aucune attention
but he didn't pay any attention to them
Sa lance gisait à ses côtés, inutilisée
His spear lay by his side, unused
et ses corbeilles d'osier tressé étaient vides
and his baskets of plaited osier were empty
Les lèvres entrouvertes, il resta oisif dans sa barque
With lips parted, he sat idle in his boat
Il écoutait les chants de la sirène
he listened to the songs of the mermaid
et ses yeux s'obscurcissaient d'étonnement
and his eyes were dim with wonder
Il écouta jusqu'à ce que les brumes de la mer se glissent autour de lui

he listened till the sea-mists crept round him
La lune errante tachait d'argent ses membres bruns
the wandering moon stained his brown limbs with silver

Un soir, il appela la sirène
One evening he called to the mermaid
«Petite Sirène, je t'aime», professa-t-il
"Little Mermaid, I love thee," he professed
«Prends-moi pour ton époux, car je t'aime»
"Take me for thy bridegroom, for I love thee"
Mais la sirène secoua la tête
But the mermaid shook her head
— Tu as une âme humaine, répondit-elle
"Thou hast a human Soul," she answered
«Si seulement tu pouvais renvoyer ton âme »
"If only thou would send away thy Soul"
«si tu envoyais ton âme, je pourrais t'aimer »
"if thy sent thy Soul away I could love thee"
Et le jeune pêcheur se dit en lui-même
And the young Fisherman said to himself
«À quoi me sert mon âme?»
"of what use is my Soul to me?"
«Je ne peux pas voir mon âme »
"I cannot see my Soul"
«Je ne peux pas toucher mon âme »
"I cannot touch my Soul"
«Je ne connais pas mon Âme »
"I do not know my Soul"
«J'enverrai mon âme loin de moi »
"I will send my Soul away from me"
«Et j'aurai beaucoup d'allégresse»
"and much gladness shall be mine"
Et un cri de joie s'échappa de ses lèvres
And a cry of joy broke from his lips
il tendit les bras à la Sirène
he held out his arms to the Mermaid

«Je renverrai mon âme», s'écria-t-il
"I will send my Soul away," he cried
«Tu seras mon épouse, et je serai ton époux»
"you shall be my bride, and I will be thy bridegroom"
«Dans les profondeurs de la mer, nous habiterons ensemble »
"in the depth of the sea we will dwell together"
«Tout ce que tu as chanté, tu me le montreras »
"all that thou hast sung of thou shalt show me"
«Et tout ce que tu désires, je le ferai pour toi»
"and all that thou desirest I will do for you"
«Nos vies ne seront plus divisées »
"our lives will not be divided no longer"
la petite Sirène se mit à rire, pleine de joie
the little Mermaid laughed, full of delight
et elle cacha son visage dans ses mains
and she hid her face in her hands
mais le Pêcheur ne savait pas comment renvoyer son Âme
but the Fisherman didn't know how to send his Soul away
«comment enverrai-je mon âme loin de moi?»
"how shall I send my Soul from me?"
«Dis-moi comment je peux le faire »
"Tell me how I can do it"
«Dis-moi comment et cela se fera »
"tell me how and it shall be done"
«Hélas!Je n'en sais rien, dit la petite Sirène
"Alas! I know not" said the little Mermaid
«les gens de la mer n'ont pas d'âme »
"the Sea-folk have no Souls"
Et elle s'enfonça dans la mer
And she sank down into the sea
Et elle leva les yeux vers lui avec mélancolie
and she looked up at him wistfully

Le prêtre
The Priest

Tôt le lendemain matin
Early on the next morning
avant que le soleil ne soit au-dessus des collines
before the sun was above the hills
le jeune pêcheur se rendit à la maison du prêtre
the young Fisherman went to the house of the Priest
il frappa trois fois à la porte du prêtre
he knocked three times at the Priest's door
Le prêtre regarda par la porte
The Priest looked out through the door
Quand il vit de qui il s'agissait, il retira le loquet
when he saw who it was he drew back the latch
et il accueillit le jeune pêcheur dans sa maison
and he welcomed the young Fisherman into his house
Il s'agenouilla sur les joncs odorants du sol
he knelt down on the sweet-smelling rushes of the floor
et il cria au Prêtre : «Père »
and he cried to the Priest, "Father"
«Je suis amoureux d'un des gens de la mer »
"I am in love with one of the Sea-folk"
«et mon Âme m'empêche d'avoir mon désir »
"and my Soul hindereth me from having my desire"
«Dis-moi, comment puis-je éloigner mon âme de moi?»
"Tell me, how I can send my Soul away from me?"
«Je n'en ai vraiment pas besoin »
"I truly have no need of it"
«À quoi me sert mon âme?»
"of what use is my Soul to me?"
«Je ne peux pas voir mon âme »
"I cannot see my Soul"
«Je ne peux pas toucher mon âme »
"I cannot touch my Soul"
«Je ne connais pas mon Âme »

"I do not know my Soul"
Et le prêtre se frappa la poitrine
And the Priest beat his chest
Et il répondit : «Tu es fou»
and he answered, "thou art mad"
«Peut-être avez-vous mangé des herbes vénéneuses!»
"perhaps you have eaten poisonous herbs!"
«l'âme est la partie la plus noble de l'homme »
"the Soul is the noblest part of man"
«et l'Âme nous a été donnée par Dieu»
"and the Soul was given to us by God"
«afin que nous utilisions noblement notre Âme »
"so that we nobly use our Soul"
«Il n'y a rien de plus précieux qu'une âme humaine »
"There is no thing more precious than a human Soul"
«Il vaut tout l'or qu'il y a dans le monde »
"It is worth all the gold that is in the world"
«Il est plus précieux que les rubis des rois »
"it is more precious than the rubies of the kings"
«Ne pense plus à cette affaire, mon fils.»
"Think not any more of this matter, my son"
«parce que c'est un péché qui ne peut pas être pardonné»
"because it is a sin that may not be forgiven"
«Et quant aux gens de la mer, ils sont perdus »
"And as for the Sea-folk, they are lost"
«Et ceux qui vivent avec eux sont aussi perdus »
"and those who live with them are also lost"
«Ils sont comme les bêtes des champs »
"They are like the beasts of the field"
«Les bêtes qui ne savent pas distinguer le bien du mal »
"the beasts that don't know good from evil"
«Le Seigneur n'est pas mort à cause d'eux»
"the Lord has not died for their sake"

il entendit les paroles amères du prêtre
he heard the bitter words of the Priest

les yeux du jeune pêcheur se remplirent de larmes
the young Fisherman's eyes filled with tears
il se leva de ses genoux et dit : «Père»
he rose up from his knees and spoke, "Father"
«Les faunes vivent dans la forêt, et ils sont contents »
"the fauns live in the forest, and they are glad"
«sur les rochers sont assis les Sirènes avec leurs harpes d'or »
"on the rocks sit the Mermen with their harps of gold"
«Laisse-moi être comme eux, je t'en supplie»
"Let me be as they are, I beseech thee"
«Leurs jours sont comme les jours des fleurs »
"their days are like the days of flowers"
— Et quant à mon âme, continua le jeune pêcheur
"And, as for my Soul," the young Fisherman continued
que me sert-il à mon âme?
what doth my Soul profit me?"
«En quoi est-ce bon s'il se tient entre ce que j'aime?»
"how is it good if it stands between what I love?"
«L'amour du corps est vil» s'écria le prêtre
"The love of the body is vile" cried the Priest
«Et les choses païennes sont viles et mauvaises »
"and vile and evil are the pagan things"
«Maudits soient les faunes de la forêt »
"Accursed be the fauns of the woodland"
«Et maudits soient les chanteurs de la mer!»
"and accursed be the singers of the sea!"
«Je les ai entendus la nuit »
"I have heard them at night-time"
«Ils ont essayé de m'attirer loin de ma Bible »
"they have tried to lure me from my bible"
«Ils tapent à la fenêtre et rient »
"They tap at the window, and laugh"
«Ils me chuchotent à l'oreille la nuit »
"They whisper into my ears at night"
«Ils me racontent leurs joies périlleuses »
"they tell me tales of their perilous joys"

«Ils essaient de me tenter avec des tentations »
"They try to tempt me with temptations"
«Et quand j'essaie de prier, ils se moquent de moi »
"and when I try to pray they mock me"
«Les mers sont perdues, je te le dis »
"The mer-folk are lost, I tell thee"
«Pour eux, il n'y a ni paradis, ni enfer »
"For them there is no heaven, nor hell"
«et ils ne loueront jamais le nom de Dieu»
"and they shall never praise God's name"
— Père, s'écria le jeune pêcheur
"Father," cried the young Fisherman
«Tu ne sais pas ce que tu dis»
"thou knowest not what thou sayest"
«Une fois dans mon filet, j'ai pris au piège la fille d'un roi »
"Once in my net I snared the daughter of a King"
«Elle est plus belle que l'étoile du matin »
"She is fairer than the morning star"
«Et elle est plus blanche que la lune »
"and she is whiter than the moon"
«Pour son corps, je donnerais mon âme »
"For her body I would give my Soul"
«et pour son amour je rendrais le ciel »
"and for her love I would surrender heaven"
«Dis-moi ce que je te demande»
"Tell me what I ask of thee"
«Père, je t'en supplie, laisse-moi aller en paix »
"Father I implore thee, let me go in peace"
«Éloignez-vous de moi!Allez-vous-en!s'écria le prêtre
"Get away from me! Away!" cried the Priest
«Ton amant est perdu, et tu seras perdu avec elle»
"thy lover is lost, and thou shalt be lost with her"
le prêtre ne lui donna aucune bénédiction
the Priest gave him no blessing
et il le chassa de sa porte
and he drove him from his door

le jeune pêcheur descendit sur la place du marché
the young Fisherman went down into the market-place
Il marchait lentement, la tête baissée
he walked slowly with his head bowed
Il marchait comme quelqu'un qui est dans la tristesse
he walked like one who is in sorrow
les marchands virent venir le jeune pêcheur
the merchants saw the young Fisherman coming
et les marchands chuchotaient entre eux
and the merchants whispered to each other
L'un des marchands s'avança à sa rencontre
one of the merchants came forth to meet him
et il l'appela par son nom
and he called him by his name
« Qu'as-tu à vendre ? » lui demanda-t-il
"What hast thou to sell?" he asked him
« Je te vendrai mon âme », répondit-il
"I will sell thee my Soul," he answered
« Je te prie de racheter mon âme de moi »
"I pray thee buy my Soul off me"
« parce que j'en ai assez »
"because I am weary of it"
« À quoi me sert mon âme ? »
"of what use is my Soul to me?"
« Je ne peux pas voir mon âme »
"I cannot see my Soul"
« Je ne peux pas toucher mon âme »
"I cannot touch my Soul"
« Je ne connais pas mon Âme »
"I do not know my Soul"
Mais les marchands ne firent que se moquer de lui
But the merchants only mocked him
« À quoi nous sert l'âme d'un homme ? »
"Of what use is a man's Soul to us?"
« Cela ne vaut pas une pièce d'argent »
"It is not worth a piece of silver"

«Vends-nous ton corps pour l'esclavage»
"Sell us thy body for slavery"
«Et nous te vêtirons de pourpre de la mer»
"and we will clothe thee in sea-purple"
«Et nous te mettrons un anneau au doigt»
"and we'll put a ring upon thy finger"
«Et nous ferons de toi le serviteur de la grande Reine»
"and we'll make thee the minion of the great Queen"
«mais ne nous parlez pas de l'Âme »
"but don't talk of the Soul to us"
«parce que pour nous une Âme ne sert à rien »
"because for us a Soul is of no use"
Et le jeune pêcheur se dit en lui-même
And the young Fisherman thought to himself
«Comme c'est étrange!»
"How strange a thing this is!"
«Le prêtre m'a dit la valeur de l'âme »
"The Priest told me the value of the Soul"
«l'Âme vaut tout l'or du monde »
"the Soul is worth all the gold in the world"
«Mais les marchands disent autre chose »
"but the merchants say a different thing"
«l'âme ne vaut pas une pièce d'argent »
"the Soul is not worth a piece of silver"
Et il sortit de la place du marché
And he went out of the market-place
et il descendit sur le rivage de la mer
and he went down to the shore of the sea
Et il se mit à réfléchir à ce qu'il devait faire
and he began to ponder on what he should do

La sorcière
The Witch

À midi, il se souvint d'un de ses amis
At noon he remembered one of his friends
Son ami était un cueilleur de salicornes
his friend was a gatherer of samphire
il lui avait parlé d'une jeune sorcière
he had told him of a young Witch
cette jeune sorcière habitait dans une grotte voisine
this young Witch dwelt in a nearby cave
et elle était très rusée dans ses sorcelleries
and she was very cunning in her Witcheries
le jeune pêcheur se leva et courut vers la grotte
the young Fisherman stood up and ran to the cave

À la démangeaison de sa paume, elle savait qu'il allait venir
By the itching of her palm she knew he was coming
Et elle se mit à rire, et laissa tomber ses cheveux roux
and she laughed, and let down her red hair
Elle se tenait à l'ouverture de la grotte
She stood at the opening of the cave
Ses longs cheveux roux flottaient autour d'elle
her long red hair flowed around her
et dans sa main elle avait une gerbe de ciguë sauvage
and in her hand she had a spray of wild hemlock
«Que te manque-t-il?» demanda-t-elle quand il arriva
"What do you lack?" she asked, as he came
Il haletait quand il est arrivé à elle
he was panting when got to her
Et il se pencha devant elle
and he bent down before her
«Voulez-vous du poisson pour quand il n'y a pas de vent?»
"Do you want fish for when there is no wind?"
«J'ai une petite pipe de roseau »
"I have a little reed-pipe"
«quand je le souffle, le mulet entre dans la baie »

"when I blow it the mullet come into the bay"
«Mais ça a un prix, joli garçon »
"But it has a price, pretty boy"
«Qu'est-ce qui te manque?»
"What do you lack?"

«Voulez-vous qu'une tempête fasse naufrage sur les navires?»
"Do you want a storm to wreck the ships?"
«Il lavera les coffres de riches trésors sur le rivage »
"It will wash the chests of rich treasure ashore"
«J'ai plus de tempêtes que de vent »
"I have more storms than the wind"
«Je sers celui qui est plus fort que le vent»
"I serve one who is stronger than the wind"
«Je peux envoyer les grandes galères au fond de la mer »
"I can send the great galleys to the bottom of the sea"
«avec un tamis et un seau d'eau »
"with a sieve and a pail of water"
«Mais j'ai un prix, joli garçon »
"But I have a price, pretty boy"
«Qu'est-ce qui te manque?»
"What do you lack?"

«Je connais une fleur qui pousse dans la vallée »
"I know a flower that grows in the valley"
«Personne ne connaît cette fleur, sauf moi »
"no one knows of this flower, but I"
«Cette fleur secrète a des feuilles violettes »
"this secret flower has purple leaves"
«Et dans le cœur de la fleur il y a une étoile »
"and in the heart of the flower is a star"
«Et son jus est blanc comme du lait »
"and its juice is as white as milk"
«Touchez les lèvres de la Reine avec »
"touch the lips of the Queen with it"
«Et elle te suivra dans le monde entier»

"and she will follow thee all over the world"
«Du lit du Roi, elle se lèverait »
"Out of the bed of the King she would rise"
«Et dans le monde entier elle te suivrait »
"and over the whole world she would follow thee"
«Mais ça a un prix, joli garçon »
"But it has a price, pretty boy"
«Qu'est-ce qui te manque?»
"What do you lack?"

«Je peux enfoncer un crapaud dans un mortier »
"I can pound a toad in a mortar"
«et je peux faire du bouillon de crapaud »
"and I can make broth of the toad"
«remuer le bouillon avec la main d'un mort »
"stir the broth with a dead man's hand"
«Saupoudre-le sur ton ennemi pendant qu'il dort »
"Sprinkle it on thine enemy while he sleeps"
«Et il se transformera en vipère noire »
"and he will turn into a black viper"
«Et sa propre mère le tuera »
"and his own mother will slay him"
«Avec une roue, je peux dessiner la Lune du ciel »
"With a wheel I can draw the Moon from heaven"
«et dans un cristal je peux te montrer la Mort »
"and in a crystal I can show thee Death"
«Qu'est-ce qui te manque?»
"What do you lack?"
«Dis-moi ton désir et je te le donnerai »
"Tell me thy desire and I will give it to you"
«Et tu me paieras un prix, joli garçon»
"and thou shalt pay me a price, pretty boy"

«Mon désir n'est que pour une petite chose »
"My desire is but for a little thing"
«Mais le prêtre était en colère contre moi»
"yet the Priest was angry with me"

«Et il m'a chassé dans sa colère »
"and he chased me away in anger"
«Mon souhait n'est que pour une petite chose »
"My wish is but for a little thing"
«Mais les marchands se sont moqués de moi »
"yet the merchants have mocked me"
«Et ils m'ont refusé mon souhait »
"and they denied me my wish"
«C'est pourquoi je suis venu à toi»
"Therefore have I come to thee"
«Je suis venu, bien que les hommes t'appellent mauvais »
"I came although men call thee evil"
«Mais quel que soit ton prix, je le paierai »
"but whatever thy price is I shall pay it"
«Que veux-tu?» demanda la sorcière
"What would'st thou?" asked the Witch
et elle s'approcha du Pêcheur
and she came near to the Fisherman
«Je veux éloigner mon âme de moi »
"I wish to send my Soul away from me"
La sorcière pâlit et frissonna
The Witch grew pale, and shuddered
et elle cacha son visage dans son manteau bleu
and she hid her face in her blue mantle
«Joli garçon, c'est une chose terrible à faire »
"Pretty boy, that is a terrible thing to do"
Il secoua ses boucles brunes et se mit à rire
He tossed his brown curls and laughed
«Mon âme n'est rien pour moi», répondit-il
"My Soul is nought to me" he answered
«Je ne peux pas voir mon âme »
"I cannot see my Soul"
«Je ne peux pas toucher mon âme »
"I cannot touch my Soul"
«Je ne connais pas mon Âme »
"I do not know my Soul"

la jeune sorcière y a vu une opportunité
the young Witch saw an opportunity
«Que me donnerais-tu si je te le disais?»
"What would thou give me if I tell thee?"
Et elle le regarda de ses beaux yeux
and she looked down at him with her beautiful eyes
«Je te donnerai cinq pièces d'or, dit-il
"I will give thee five pieces of gold" he said
«Et je te donnerai mes filets pour pêcher»
"and I will give thee my nets for fishing"
«Et je te donnerai la maison où j'habite»
"and I will give thee the house where I live"
«Et tu peux avoir mon bateau »
"and you can have my boat"
«Je te donnerai tout ce que je possède.»
"I will give thee all that I possess"
«Dis-moi comment me débarrasser de mon âme »
"Tell me how to get rid of my Soul"
Elle se moqua de lui d'un air moqueur
She laughed mockingly at him
et elle le frappa avec la gerbe de la ciguë
and she struck him with the spray of hemlock
«Je peux transformer les feuilles d'automne en or »
"I can turn the autumn leaves into gold"
«et je peux tisser les pâles rayons de la lune en argent »
"and I can weave the pale moonbeams into silver"
«Celui que je sers est plus riche que tous les rois»
"He whom I serve is richer than all kings"
«Que ton prix ne soit ni or ni argent», confirma-t-il
"thy price be neither gold nor silver," he confirmed
«Que te donnerai-je donc si?»
"What then shall I give thee if?"
«La sorcière lui caressa les cheveux de sa main blanche et fine »
"The Witch stroked his hair with her thin white hand"
— Il faut que tu danses avec moi, joli garçon, murmura-t-elle

"Thou must dance with me, pretty boy," she murmured
Et elle lui sourit tout en parlant
and she smiled at him as she spoke
— Rien que cela?s'écria le jeune pêcheur
"Nothing but that?" cried the young Fisherman
Et il se demandait pourquoi elle n'en demandait pas plus
and he wondered why she didn't ask for more
— Rien que cela, répondit-elle
"Nothing but that" she answered
Et elle lui sourit de nouveau
and she smiled at him again
«Puis, au coucher du soleil, nous danserons ensemble »
"Then at sunset we shall dance together"
«Et quand nous aurons dansé, tu me le diras.»
"And after we have danced thou shalt tell me"
«La chose que je désire savoir »
"The thing which I desire to know"
la jeune sorcière secoua la tête
the young Witch shook her head
— Quand la lune sera pleine, murmura-t-elle
"When the moon is full" she muttered
Puis elle regarda autour d'elle et écouta
Then she peered all round, and listened
Une rose oiseau bleue hurlant de son nid
A blue bird rose screaming from its nest
et l'oiseau bleu tournoyait au-dessus des dunes
and the blue bird circled over the dunes
et trois oiseaux tachetés bruissaient dans l'herbe
and three spotted birds rustled in the grass
et les oiseaux sifflaient les uns aux autres
and the birds whistled to each other
Il n'y avait pas d'autre son que celui d'une vague
There was no other sound except for the sound of a wave
La vague écrasait les cailloux
the wave was crushing pebbles
Alors elle tendit la main

So she reached out her hand
et elle l'attira près d'elle
and she drew him near to her
Et elle approcha ses lèvres sèches de son oreille
and she put her dry lips close to his ear
«Ce soir, tu dois venir au sommet de la montagne »
"Tonight thou must come to the top of the mountain"
«C'est un sabbat, et il sera là»
"It is a Sabbath, and He will be there"
Le jeune pêcheur fut surpris par ce qu'elle disait
The young Fisherman was startled by what she said
Elle lui montra ses dents blanches et se mit à rire
she showed him her white teeth and laughed
«Qui est celui dont tu parles?»
"Who is He of whom thou speakest?"
— Cela n'a pas d'importance, répondit-elle
"It matters not," she answered
«Vas-y ce soir», lui dit-elle
"Go there tonight," she told him
«Attends-moi sous les branches du charme »
"wait for me under the branches of the hornbeam"
«Si un chien noir court vers toi, ne panique pas »
"If a black dog runs towards thee don't panic"
«Frappez le chien avec le saule et il s'en ira »
"strike the dog with willow and it will go away"
«Si un hibou te parle, ne lui réponds pas »
"If an owl speaks to thee don't answer it"
«Quand la lune sera pleine, je serai avec toi»
"When the moon is full I shall be with thee"
«Et nous danserons ensemble sur l'herbe »
"and we will dance together on the grass"
le jeune pêcheur accepta de faire ce qu'elle disait
the young Fisherman agreed to do as she said
«Mais jurez-vous de me dire comment renvoyer mon âme?»
"But do you swear to tell me how to send my Soul away?"
Elle s'est déplacée dans la lumière du soleil

She moved out into the sunlight
et le vent ondulait dans ses cheveux roux
and the wind rippled through her red hair
«Par les sabots de la chèvre, je le jure »
"By the hoofs of the goat I swear it"
— Tu es la meilleure des sorcières, s'écria le jeune pêcheur
"Thou art the best of the Witches" cried the young Fisherman
«Et je danserai sûrement avec toi ce soir »
"and I will surely dance with thee tonight"
«J'aurais préféré que tu me demandes de l'or »
"I would have preferred it if you had asked for gold"
«Mais si c'est là ton prix, je le paierai»
"But if this is thy price I shall pay it"
«parce que ce n'est qu'une petite chose »
"because it is but a little thing"
Il lui ôta sa casquette et baissa la tête
He doffed his cap to her and bent his head low
Et il s'en retourna en ville avec la joie dans le cœur
and he ran back to town with joy in his heart
Et la sorcière le regarda s'en aller
And the Witch watched him as he went
Quand il eut disparu de sa vue, elle entra dans sa caverne
when he had passed from her sight she entered her cave
Elle sortit un miroir d'une boîte
she took out a mirror from a box
Et elle installa le miroir sur un cadre
and she set up the mirror on a frame
Elle brûlait de la verveine sur du charbon allumé devant le miroir
She burned vervain on lighted charcoal before the mirror
Et elle regarda à travers les volutes de fumée
and she peered through the coils of the smoke
Au bout d'un moment, elle serra les mains de colère
after a time she clenched her hands in anger
— Il aurait dû être à moi, murmura-t-elle
"He should have been mine," she muttered

«Je suis aussi belle qu'elle »
"I am as beautiful as she is"

Quand la lune se fut levée, il sortit de sa hutte
When the moon had risen he left his hut
le jeune pêcheur grimpa jusqu'au sommet de la montagne
the young Fisherman climbed up to the top of the mountain
et il se tint sous les branches du charme
and he stood under the branches of the hornbeam
La mer s'étendait à ses pieds comme un disque de métal poli
The sea lay at his feet like a disc of polished metal
Les ombres des bateaux de pêche se déplaçaient dans la petite baie
the shadows of the fishing boats moved in the little bay
Un grand hibou aux yeux jaunes l'appela
A great owl with yellow eyes called him
Il l'appelait par son nom
it called him by his name
mais il ne répondit pas à la chouette
but he made the owl no answer
Un chien noir courut vers lui et grogna
A black dog ran towards him and snarled
Mais il n'a pas paniqué quand le chien est arrivé
but he did not panic when the dog came
Il frappa le chien avec une verge de saule
he struck the dog with a rod of willow
Et le chien s'en alla en gémissant
and the dog went away, whining

À minuit, les sorcières vinrent voler dans les airs
At midnight the Witches came flying through the air
Ils étaient comme des chauves-souris volant dans les airs
they were like bats flying in the air
«Ouf!» s'écrièrent-ils en atterrissant sur le sol
"Phew!" they cried, as they landed on the ground
«Il y a quelqu'un ici que nous ne connaissons pas!»

"there is someone here that we don't know!"
Et ils reniflèrent autour d'eux à la recherche de l'étranger
and they sniffed around for the stranger
Ils bavardaient entre eux et faisaient des signes
they chattered to each other and made signs
Enfin, vint la jeune sorcière
Last of all came the young Witch
Ses cheveux roux flottaient dans le vent
her red hair was streaming in the wind
Elle portait une robe de tissu doré
She wore a dress of gold tissue
et sa robe était brodée d'yeux de paon
and her dress was embroidered with peacocks' eyes
Un petit bonnet de velours vert était sur sa tête
a little cap of green velvet was on her head
«Qui est-il?» s'écrièrent les sorcières en la voyant
"Who is he?" shrieked the Witches when they saw her
mais elle se contenta de rire, et courut au charme
but she only laughed, and ran to the hornbeam
et elle prit le Pêcheur par la main
and she took the Fisherman by the hand
Elle le conduisit au clair de lune
she led him out into the moonlight
et, au clair de lune, ils se mirent à danser
and in the moonlight they began to dance
Ils tournoyaient dans leur danse
Round and round they whirled in their dance
Elle sauta de plus en plus haut dans les airs
she jumped higher and higher into the air
Il pouvait voir les talons écarlates de ses chaussures
he could see the scarlet heels of her shoes
Puis vint le bruit du galop d'un cheval
Then came the sound of the galloping of a horse
mais il n'y avait pas de cheval à voir
but there was no horse to be seen
Et il eut peur, mais il ne savait pas pourquoi

and he felt afraid, but he did not know why
«Plus vite», lui cria la Sorcière
"Faster," cried the Witch to him
Et elle lui jeta les bras autour du cou
and she threw her arms around his neck
et son haleine était chaude sur son visage
and her breath was hot upon his face
«Plus vite, plus vite!» s'écria-t-elle de nouveau
"Faster, faster!" she cried again
La terre semblait tourner sous ses pieds
the earth seemed to spin beneath his feet
et ses pensées devenaient de plus en plus troublées
and his thoughts grew more and more troubled
De nulle part, une grande terreur s'abattit sur lui
out of nowhere a great terror fell on him
Il sentait que quelque chose de maléfique l'observait
he felt some evil thing was watching him
Et enfin il se rendit compte de quelque chose
and at last he became aware of something
Sous l'ombre d'un rocher, il y avait une silhouette
under the shadow of a rock there was a figure
un personnage qu'il n'avait jamais vu auparavant
a figure that he had not been there before
C'était un homme vêtu d'un costume de velours noir
It was a man dressed in a black velvet suit
il a été stylisé à la mode espagnole
it was styled in the Spanish fashion
Le visage de l'étranger était étrangement pâle
the strangers face was strangely pale
mais ses lèvres étaient comme une fière fleur rouge
but his lips were like a proud red flower
Il semblait fatigué de ce qu'il voyait
He seemed weary of what he was seeing
Il se penchait en arrière et jouait d'une manière apathique
he was leaning back toying in a listless manner
Il jouait avec le pommeau de son poignard

he was toying with the pommel of his dagger
Sur l'herbe, à côté de lui, gisait un chapeau à plumes
on the grass beside him lay a plumed hat
et il y avait une paire de gants d'équitation avec de la dentelle dorée
and there were a pair of riding gloves with gilt lace
ils étaient cousus avec des perles de rocaille
they were sewn with seed-pearls
Un manteau court doublé de sables pendait à son épaule
A short cloak lined with sables hung from his shoulder
et ses mains blanches et délicates étaient ornées d'anneaux
and his delicate white hands were gemmed with rings
De lourdes paupières s'abaissaient sur ses yeux
Heavy eyelids drooped over his eyes
Le jeune pêcheur observa l'étranger
The young Fisherman watched the stranger
comme quand on est pris au piège d'un sortilège
just like when one is snared in a spell
Enfin les yeux du pêcheur et de l'étranger se rencontrèrent
At last the Fisherman's and the stranger's eyes met
Partout où il dansait, les yeux semblaient être fixés sur lui
wherever he danced the eyes seemed to be on him
Il entendit la sorcière rire à gorge déployée
He heard the Witch laugh wildly
et il l'attrapa par la taille
and he caught her by the waist
Et il la faisait tournoyer follement en rond
and he whirled her madly round and round
Soudain, un chien aboie dans les bois
Suddenly a dog barked in the woods
Et tous les danseurs s'arrêtèrent de danser
and all the dancers stopped dancing
Ils s'agenouillèrent et baisèrent les mains de l'homme
they knelt down and kissed the man's hands
Ce faisant, un petit sourire effleura ses lèvres fières
As they did so a little smile touched his proud lips

comme lorsque l'aile d'un oiseau touche l'eau
like when a bird's wing touches the water
et ça fait un peu rire l'eau
and it makes the water laugh a little
Mais il y avait du dédain dans son sourire
But there was disdain in his smile
Il n'arrêtait pas de regarder le jeune pêcheur
He kept looking at the young Fisherman
«Viens!adorons, murmura la sorcière
"Come! let us worship" whispered the Witch
Et elle le conduisit jusqu'à l'homme
and she led him up to the man
Un grand désir de la suivre s'empara de lui
a great desire to follow her seized him
Et il la suivit jusqu'à l'homme
and he followed her to the man
Mais quand il s'est approché, il a fait le signe de la croix
But when he came close he made the sign of the Cross
Il l'a fait sans savoir pourquoi il l'a fait
he did this without knowing why he did it
Et il invoqua le saint nom
and he called upon the holy name
Dès qu'il eut fait cela, les sorcières hurlèrent comme des faucons
As soon as he did this the Witches screamed like hawks
et toutes les sorcières s'envolèrent comme des chauves-souris
and all the Witches flew away like bats
la silhouette sous l'ombre tressaillit de douleur
the figure under the shadow tWitched with pain
L'homme s'approcha d'un petit bois et siffla
The man went over to a little wood and whistled
Un cheval aux ornements d'argent accourut à sa rencontre
A horse with silver trappings came running to meet him
En sautant sur la selle, il se retourna
As he leapt upon the saddle he turned round

et il regarda tristement le jeune pêcheur
and he looked at the young Fisherman sadly
la sorcière aux cheveux roux essaya aussi de s'envoler
the Witch with the red hair also tried to fly away
mais le pêcheur l'attrapa par les poignets
but the Fisherman caught her by her wrists
et il la serra fermement
and he kept hold of her tightly
«Lâchez-moi!» s'écria-t-elle, «Laissez-moi partir!»
"Let me loose!" she cried, "Let me go!"
«Tu as nommé ce qui ne devrait pas l'être »
"thou hast named what should not be named"
«Et tu as montré le signe qu'il est interdit de regarder»
"and thou hast shown the sign that may not be looked at"
«Je ne te laisserai pas partir jusqu'à ce que tu m'aies dit le secret »
"I will not let thee go till thou hast told me the secret"
«Quel secret?» demanda la sorcière
"What secret?" said the Witch
et elle luttait avec lui comme un chat sauvage
and she wrestled with him like a wild cat
et elle mordit ses lèvres mouchetées d'écume
and she bit her foam-flecked lips
— Vous connaissez le secret, répondit le pêcheur
"You know the secret," replied the Fisherman
Ses yeux vert gazon s'obscurcirent de larmes
Her grass-green eyes grew dim with tears
«Demandez-moi autre chose que cela!» supplia-t-elle le pêcheur
"Ask me anything but that!" she begged of the Fisherman
Il se mit à rire et la serra d'autant plus fort
He laughed, and held her all the more tightly
Elle vit qu'elle ne pouvait pas se libérer
She saw that she could not free herself
Quand elle s'en rendit compte, elle lui murmura
when she realized this she whispered to him

«Je suis aussi belle que les filles de la mer »
"Surely I am as fair as the daughters of the sea"
«Et je suis aussi beau que ceux qui habitent dans les eaux bleues »
"and I am as comely as those that dwell in the blue waters"
Et elle le flatta et approcha son visage du sien
and she fawned on him and put her face close to his
Mais il la repoussa et lui répondit
But he thrust her back and replied to her
«Si tu ne tiens pas ta promesse, je te tuerai»
"If thou don't keep your promise I will slay thee"
«Je te tuerai pour une fausse sorcière »
"I will slay thee for a false Witch"
Elle a cultivé le gaz rey comme une fleur de l'arbre de Judée
She grew gas rey as a blossom of the Judas tree
et un étrange frisson traversa son corps
and a strange shudder past through her body
«Si c'est comme ça que tu veux que ce soit», murmura-t-elle
"if that is how you want it to be," she muttered
«C'est ton âme et non la mienne »
"It is thy Soul and not mine"
«Fais de ton âme ce que tu veux »
"Do with your Soul as thou wish"
Et elle tira de sa ceinture un petit couteau
And she took from her girdle a little knife
Le couteau avait un manche en peau de vipère verte
the knife had a handle of green viper's skin
Et elle lui a donné ce petit couteau vert
and she gave him this green little knife
«Qu'est-ce que je vais en faire?» lui demanda-t-il
"What shall I do with this?" he asked of her
Elle resta silencieuse pendant quelques instants
She was silent for a few moments
Un regard de terreur passa sur son visage
a look of terror came over her face
Puis elle repoussa ses cheveux en arrière de son front

Then she brushed her hair back from her forehead
et, souriant étrangement, elle lui parla
and, smiling strangely, she spoke to him
«Les hommes l'appellent l'ombre du corps»
"men call it the shadow of the body"
«Mais ce n'est pas l'ombre du corps»
"but it is not the shadow of the body"
«l'ombre est le corps de l'âme»
"the shadow is the body of the Soul"
«Tiens-toi sur le bord de la mer, le dos tourné à la lune»
"Stand on the sea-shore with thy back to the moon"
«Éloigne de tes pieds ton ombre»
"cut away from around thy feet thy shadow"
«l'ombre, qui est le corps de ton âme»
"the shadow, which is thy Soul's body"
«et ordonne à ton âme de te quitter»
"and bid thy Soul to leave thee"
«et ton âme te quittera»
"and thy Soul will leave thee"
Le jeune pêcheur trembla : «Est-ce vrai?»
The young Fisherman trembled, "Is this true?"
— Ce que j'ai dit est vrai, lui répondit-elle
"what I have said is true," she answered him
«Et j'aurais voulu ne pas t'en avoir parlé.»
"and I wish that I had not told thee of it"
Elle pleura et se cramponna à ses genoux en pleurant
she cried, and clung to his knees weeping
Il l'éloigna de lui dans les hautes herbes
he moved her away from him in the tall grass
Et il mit le petit couteau vert dans sa ceinture
and he placed the little green knife in his belt
puis il alla au bord de la montagne
then he went to the edge of the mountain
Du bord de la montagne, il commença à descendre
from the edge of the mountain he began to climb down

L'âme
The Soul

son Âme l'appela
his Soul called out to him
«J'ai habité avec toi pendant toutes ces années »
"I have dwelt with thee for all these years"
«Et j'ai été ton serviteur»
"and I have been thy servant"
«Ne m'éloigne pas de toi»
"Don't send me away from thee"
«Quel mal t'ai-je fait?»
"what evil have I done thee?"
Et le jeune pêcheur se mit à rire
And the young Fisherman laughed
«Tu ne m'as fait aucun mal»
"Thou has done me no evil"
«mais je n'ai pas besoin de toi »
"but I have no need of thee"
«Le monde est vaste»
"The world is wide"
«il y a le Paradis et l'Enfer dans cette vie »
"there is Heaven and Hell in this life"
«Et il y a un crépuscule sombre entre eux »
"and there a dim twilight between them"
«Va où tu veux, mais ne me dérange pas »
"Go wherever thou wilt, but trouble me not"
«Parce que mon amour m'appelle »
"because my love is calling to me"
Son âme le suppliait piteusement
His Soul besought him piteously
mais le jeune Pêcheur n'y prêta pas attention
but the young Fishmerman heeded it not
Au lieu de cela, il a sauté d'un rocher à l'autre
instead, he leapt from crag to crag
Il se déplaçait d'un pied aussi sûr qu'une chèvre sauvage

he moved as sure-footed as a wild goat
et enfin il atteignit le terrain plat
and at last he reached the level ground
Et puis il atteignit le rivage jaune de la mer
and then he reached the yellow shore of the sea
Il se tenait debout sur le sable, le dos tourné à la lune
He stood on the sand with his back to the moon
et de l'écume de la mer sortirent des bras blancs
and out of the sea-foam came white arms
Les bras de la sirène lui firent signe de venir
the arms of the mermaid beckoned him to come
Devant lui s'étendait son ombre ; le corps de son Âme
Before him lay his shadow; the body of his Soul
Derrière lui pendait la lune, dans un air couleur de miel
behind him hung the moon, in honey-coloured air
Et son Âme lui parla de nouveau
And his Soul spoke to him again
«Tu as décidé de me chasser loin de toi »
"thou hast decided to drive me away from thee"
«Mais ne m'envoie pas sans cœur»
"but send me not forth without a heart"
«Le monde dans lequel vous m'envoyez est cruel »
"The world you are sending me to is cruel"
«Donne-moi ton cœur pour que je l'emporte avec moi»
"give me thy heart to take with me"
Il secoua la tête et sourit
He tossed his head and smiled
«De quoi aimerais-je si je te donnais mon cœur?»
"With what should I love if I gave thee my heart?"
«Non, mais sois miséricordieux,» dit son Âme
"Nay, but be merciful," said his Soul
«Donne-moi ton cœur, car le monde est très cruel»
"give me thy heart, for the world is very cruel"
«Et j'ai peur», supplia son âme
"and I am afraid," begged his soul
«Mon cœur appartient à mon amour», a-t-il répondu

"My heart belongs my love," he answered
«Ne devrais-je pas aimer aussi?» demanda son âme
"Should I not love also?" asked his Soul
Mais le pêcheur ne répondit pas à son âme
but the fisherman didn't answer his soul
«Va-t'en, car je n'ai pas besoin de toi»
"Get thee gone, for I have no need of thee"
Et il prit le petit couteau
and he took the little knife
le couteau avec son manche en peau de vipère verte
the knife with its handle of green viper's skin
et il a coupé son ombre autour de ses pieds
and he cut away his shadow from around his feet
et son ombre s'est levée et s'est tenue devant lui
and his shadow rose up and stood before him
Son ombre était exactement comme il était
his shadow was just like he was
et son ombre ressemblait exactement à lui
and his shadow looked just like he did
Il recula et mit son couteau dans sa ceinture
He crept back and put his knife into his belt
Un sentiment d'admiration l'envahit
A feeling of awe came over him
— Va-t'en, murmura-t-il
"Get thee gone," he murmured
«Que je ne voie plus ton visage »
"let me see thy face no more"
— Non, mais il faut que nous nous revoyions, dit l'Âme
"Nay, but we must meet again," said the Soul
La voix de son âme était basse et comme une flûte
His Soul's voice was low and like a flute
ses lèvres bougeaient à peine pendant qu'il parlait
its lips hardly moved while it spoke
— Comment nous rencontrerons-nous?demanda le jeune pêcheur
"How shall we meet?" asked the young Fisherman

«Tu ne me suivras pas dans les profondeurs de la mer?»
"Thou wilt not follow me into the depths of the sea?"
«Une fois par an, je viendrai à cet endroit »
"Once every year I will come to this place"
«Je t'appellerai,» dit l'Âme
"I will call to thee," said the Soul
«Peut-être auras-tu besoin de moi»
"It may be that thou will have need of me"
le jeune Pêcheur n'en voyait pas la raison
the young Fishermam did not see a reason
«Quel besoin pourrais-je avoir de toi?»
"What need could I have of thee?"
«Mais qu'il en soit comme tu voudras»
"but be it as thou wilt"
Il a plongé dans les eaux sombres et profondes
he plunged into the deep dark waters
et les Tritons sonnèrent du cor pour l'accueillir
and the Tritons blew their horns to welcome him
la petite Sirène se leva à la rencontre de son amant
the little Mermaid rose up to meet her lover
Elle passa ses bras autour de son cou
she put her arms around his neck
Et elle l'embrassa sur la bouche
and she kissed him on the mouth
Son âme se tenait sur la plage solitaire
His Soul stood on the lonely beach
son Âme les regarda s'enfoncer dans la mer
his Soul watched them sink into the sea
puis son Âme s'en alla pleurer sur les marais
then his Soul went weeping away over the marshes

Après la première année
After the First Year

Il y avait un an qu'il n'avait pas rejeté son âme
it had been one year since had he cast his soul away
l'Âme revint au rivage de la mer
the Soul came back to the shore of the sea
et l'Âme appelée au jeune Pêcheur
and the Soul called to the young Fisherman
le jeune pêcheur sortit de la mer
the young Fisherman rose back out of the sea
il demanda à son âme : «Pourquoi m'appelles-tu?»
he asked his soul, "Why dost thou call me?"
Et l'Âme répondit : «Approche-toi»
And the Soul answered, "Come nearer"
«Approche-toi, afin que je te parle»
"come nearer, so that I may speak with thee"
«J'ai vu des choses merveilleuses »
"I have seen marvellous things"
Alors le jeune pêcheur s'approcha de son âme
So the young Fisherman came nearer to his soul
et il s'étendit dans l'eau peu profonde
and he couched in the shallow water
Et il appuya sa tête sur sa main
and he leaned his head upon his hand
et il a écouté son Âme
and he listened to his Soul
et son Âme lui parla
and his Soul spoke to him

Quand je t'ai quitté, je me suis tourné vers l'Est
When I left thee I turned East
De l'Orient vient tout ce qui est sage
From the East cometh everything that is wise
Pendant six jours, j'ai voyagé vers l'est
For six days I journeyed eastwards

le matin du septième jour, j'arrivai sur une colline
on the morning of the seventh day I came to a hill
une colline qui est dans le pays des Tartares
a hill that is in the country of the Tartars
Je me suis assis à l'ombre d'un tamaris
I sat down under the shade of a tamarisk tree
afin de m'abriter du soleil
in order to shelter myself from the sun
La terre était sèche et brûlée par la chaleur
The land was dry and had burnt up from the heat
Les gens allaient et venaient dans la plaine
The people went to and fro over the plain
Ils étaient comme des mouches rampant sur du cuivre poli
they were like flies crawling on polished copper
Quand il fut midi, un nuage de poussière rouge s'éleva
When it was noon a cloud of red dust rose
Quand les Tartares le virent, ils tendirent leurs arcs
When the Tartars saw it they strung their bows
et ils sautèrent sur leurs petits chevaux
and they leapt upon their little horses
Ils galopèrent à la rencontre du nuage de poussière rouge
they galloped to meet the cloud of red dust
Les femmes s'enfuirent vers les wagons en hurlant
The women fled to the wagons, screamin
Ils se cachaient derrière les rideaux de feutre
they hid themselves behind the felt curtains
Au crépuscule, les Tartares rentrèrent à leur camp
At twilight the Tartars returned to their camp
Mais cinq d'entre eux ne sont pas revenus
but five of them did not return
Beaucoup d'entre eux avaient été blessés
many of them had been wounded
Ils attelèrent leurs chevaux aux chariots
They harnessed their horses to the wagons
et ils s'en allèrent précipitamment
and they drove away hastily

Trois chacals sortirent d'une grotte et les scrutèrent
Three jackals came out of a cave and peered after them
Les chacals reniflaient l'air avec leurs narines
the jackals sniffed the air with their nostrils
Et ils s'en allèrent au trot dans la direction opposée
and they trotted off in the opposite direction
Quand la lune s'est levée, j'ai vu un feu de camp
When the moon rose I saw a camp-fire
et je me dirigeai vers le feu au loin
and I went towards the fire in the distance
Une compagnie de marchands était assise autour du feu
A company of merchants were seated round the fire
Les marchands étaient assis sur leurs tapis
the merchants were sitting on their carpets
Leurs chameaux étaient attachés derrière eux
Their camels were tied up behind them
et leurs serviteurs dressaient des tentes dans le sable
and their servants were pitching tents in the sand
Comme je m'approchais d'eux, le chef se leva
As I came near them the chief rose up
Il tira son épée et me demanda mes intentions
he drew his sword and asked me my intentions
Je répondis que j'étais un prince dans mon pays
I answered that I was a Prince in my own land
Je dis que j'avais échappé aux Tartares
I said I had escaped from the Tartars
ils avaient cherché à faire de moi leur esclave
they had sought to make me their slave
Le chef sourit et me montra cinq têtes
The chief smiled and showed me five heads
Les têtes étaient fixées sur de longs roseaux de bambou
the heads were fixed upon long reeds of bamboo
Puis il m'a demandé qui était le prophète de Dieu
Then he asked me who was the prophet of God
Je lui ai répondu que c'était : «Mohammed»
I answered him that it was, "Mohammed"

Il s'inclina et me prit par la main
He bowed and took me by the hand
et il m'a laissé m'asseoir à côté de lui
and he let me sit by his side
Un domestique m'apporta du lait de jument dans un plat de bois
A servant brought me some mare's milk in a wooden-dish
et il apporta un morceau de chair d'agneau
and he brought a piece of lamb's flesh
À l'aube, nous nous mîmes en route
At daybreak we started on our journey
Je montai sur un chameau roux, à côté du chef
I rode on a red-haired camel, by the side of the chief
Un coureur courait devant nous, portant une lance
a runner ran before us, carrying a spear
Les hommes de guerre étaient de part et d'autre de nous
The men of war were on both sides of us
et les mulets suivaient avec les marchandises
and the mules followed with the merchandise
Il y avait quarante chameaux dans la caravane
There were forty camels in the caravan
et les mulets étaient au nombre de deux fois quarante
and the mules were twice forty in number

Nous sommes passés du pays des Tartares au pays des Griffons
We went from the land of Tartars to the land of Gryphons
Le peuple des Griffons maudit la Lune
The folk of the Gryphons curse the Moon
Nous avons vu les griffons sur les rochers blancs
We saw the Gryphons on the white rocks
ils gardaient leur trésor d'or
they were guarding their gold treasure
Et nous avons vu les dragons à écailles dormir dans leurs grottes
And we saw the scaled Dragons sleeping in their caves

Alors que nous passions au-dessus des montagnes, nous retenions notre souffle
As we passed over the mountains we held our breath
pour que la neige ne tombe pas sur nous
so that the snow would not fall on us
et chacun attacha un voile sur ses yeux
and each man tied a veil over his eyes
quand nous avons traversé les vallées des Pygmées
when we passed through the valleys of the Pygmies
et les Pygmées nous tirèrent leurs flèches
and the Pygmies shot their arrows at us
Ils tiraient depuis les creux des arbres
they shot from the hollows of the trees
La nuit, nous entendions les hommes sauvages battre leurs tambours
at night we heard the wild men beat their drums
Quand nous sommes arrivés à la Tour des Singes, nous avons offert des fruits
When we came to the Tower of Apes we offered fruits
et ceux qui étaient dans la tour des singes ne nous ont pas fait de mal
and those inthe tower of the Apes did not harm us
Quand nous sommes arrivés à la Tour des Serpents, nous avons offert du lait
When we came to the Tower of Serpents we offered milk
et ceux qui sont dans la tour des Serpents, passons
and those in the tower of the Serpents let us go past
Trois fois dans notre voyage, nous arrivâmes sur les bords de l'Oxus
Three times in our journey we came to the banks of the Oxus
Nous avons traversé l'Oxus sur des radeaux de bois
We crossed the river Oxus on rafts of wood
Les chevaux de la rivière se sont déchaînés et ont essayé de nous tuer
The river horses raged and tried to slay us
Quand les chameaux les virent, ils tremblèrent

When the camels saw them they trembled
Les rois de chaque ville nous ont imposé un péage
The kings of each city levied tolls on us
mais ils ne nous ont pas permis d'entrer dans leurs portes
but they would not allow us to enter their gates
Ils nous ont jeté du pain par-dessus les murs
They threw bread over the walls to us
Et ils nous ont donné des petits gâteaux de maïs cuits dans du miel
and they gave us little maize-cakes baked in honey
et des gâteaux de farine fine fourrés aux dattes
and cakes of fine flour filled with dates
Pour cent paniers, nous leur donnions une perle d'ambre
For every hundred baskets we gave them a bead of amber
Quand les villageois nous ont vus arriver, ils ont empoisonné les puits
When villagers saw us coming they poisoned the wells
et les villageois s'enfuirent vers les sommets des collines
and the villagers fled to the hill-summits
au cours de notre voyage, nous nous sommes battus avec les Magadae
on our journey we fought with the Magadae
Ils naissent vieux et rajeunissent chaque année
They are born old, and grow younger every year
Ils meurent quand ils sont petits enfants
they die when they are little children
et au cours de notre voyage, nous nous sommes battus avec les Laktroi
and on our journey we fought with the Laktroi
on dit que les Laktroi sont les fils des tigres
they say that the Laktroi are the sons of tigers
et ils se peignent en jaune et en noir
and they paint themselves yellow and black
Et au cours de notre voyage, nous nous sommes battus avec les Aurantes
And on our journey we fought with the Aurantes

Ils enterrent leurs morts sur la cime des arbres
they bury their dead on the tops of trees
le Soleil, qui est leur dieu, tue leurs ensevelis
the Sun, who is their god, slays their buried
Ils vivent donc dans des cavernes sombres
so they live in dark caverns
Et au cours de notre voyage, nous nous sommes battus avec les Krimniens
And on our journey we fought with the Krimnians
le peuple des Krimniens vénère un crocodile
the folk of the Krimnians worship a crocodile
ils donnent au crocodile des boucles d'oreilles en verre vert
they give the crocodile earrings of green glass
Ils nourrissent le crocodile avec du beurre et des volailles fraîches
they feed the crocodile with butter and fresh fowls
nous nous sommes battus avec les Agazonbae, qui ont une face de chien
we fought with the Agazonbae, who are dog-faced
et nous avons combattu avec les Sibans, qui ont des pieds de cheval
and we fought with the Sibans, who have horses' feet
et ils peuvent courir plus vite que les chevaux les plus rapides
and they can run swifter than the fastest horses

Un tiers de notre armée est mort au combat
A third of our army died in battle
Un tiers de notre armée est mort par manque de vivres
a third of our army died from want of food
Le reste de notre armée murmurait contre moi
The rest of our army murmured against me
ils disaient que je leur avais apporté une mauvaise fortune
they said that I had brought them an evil fortune
J'ai pris une vipère sous une pierre
I took an adder from beneath a stone
et j'ai laissé la vipère me mordre la main

and I let the adder bite my hand
Quand ils ont vu que je n'étais pas malade, ils ont eu peur
When they saw I did not sicken they grew afraid
Au quatrième mois, nous atteignîmes la ville d'Illel
In the fourth month we reached the city of Illel
Il faisait nuit quand nous atteignîmes la ville
It was night time when we reached the city
Nous sommes arrivés au bosquet à l'extérieur des murs de la ville
we arrived at the grove outside the city walls
L'air de la ville était étouffant
the air in the city was sultry
parce que la Lune se déplaçait dans le Scorpion
because the Moon was travelling in Scorpion
Nous avons pris les grenades mûres des arbres
We took the ripe pomegranates from the trees
et nous les avons brisés, et nous avons bu leur jus sucré
and we broke them, and drank their sweet juices
Puis nous nous sommes allongés sur nos tapis
Then we laid down on our carpets
et nous avons attendu que l'aube vienne
and we waited for the dawn to come
À l'aube, nous nous levâmes et frappâmes à la porte de la ville
At dawn we rose and knocked at the gate of the city
La porte était en bronze rouge
the gate was wrought out of red bronze
et la porte avait des sculptures de dragons de mer
and the gate had carvings of sea-dragons
Les gardes regardaient du haut des remparts
The guards looked down from the battlements
et ils nous ont demandé quelles étaient nos intentions
and they asked us what our intentions were
L'interprète de la caravane répondit
The interpreter of the caravan answered
nous avons dit que nous venions de la terre de Syrie

we said we had come from the land of Syria
et nous lui avons dit que nous avions beaucoup de marchandises
and we told him we had many merchandise
Ils ont pris certains d'entre nous en otage
They took some of us as hostages
Et ils nous ont dit qu'ils ouvriraient la porte à midi
and they told us they would open the gate at noon
Quand il fut midi, ils ouvrirent la porte
when it was noon they opened the gate
Quand nous sommes entrés, les gens sont sortis des maisons
when we entered the people came out of the houses
Ils sont venus pour nous regarder
they came in order to look at us
Et un crieur public fit le tour de la ville
and a town crier went around the city
Il annonçait notre arrivée par l'intermédiaire d'une coquille
he made announcements of our arrival through a shell
Nous nous trouvions sur la place du marché de la médina
We stood in the market-place of the medina
et les serviteurs détachèrent les ballots d'étoffes
and the servants uncorded the bales of cloths
Ils ouvrirent les coffres sculptés de sycomore
they opened the carved chests of sycamore
Puis les marchands exposèrent leurs étranges marchandises
Then merchants set forth their strange wares
lin ciré d'Egypte, lin peint de l'Ethiops
waxed linen from Egypt, painted linen from the Ethiops
éponges violettes de Tyr, tasses d'ambre froid
purple sponges from Tyre, cups of cold amber
de beaux vases de verre, et de curieux vases d'argile brûlée
fine vessels of glass, and curious vessels of burnt clay
Du toit d'une maison, une troupe de femmes nous observait
From the roof of a house a company of women watched us
L'un d'eux portait un masque de cuir doré
One of them wore a mask of gilded leather

le premier jour, les prêtres vinrent et firent du troc avec nous
on the first day the Priests came and bartered with us
Le deuxième jour, les nobles vinrent faire du troc avec nous
On the second day the nobles came and bartered with us
Le troisième jour, les artisans sont venus et ont fait du troc avec nous
on the third day the craftsmen came and bartered with us
Tous nous ont amené leurs esclaves
all of them brought their slaves to us
C'est leur coutume avec tous les marchands
this is their custom with all merchants
Nous avons attendu que la lune vienne
we waited for the moon to come
quand la lune déclinait, je m'éloignais
when the moon was waning I wandered away
Je me promenais dans les rues de la ville
I wondered through the streets of the city
et j'arrivai au jardin du Dieu de la ville
and I came to the garden of the city's God
Les prêtres, vêtus de leurs robes jaunes, se déplaçaient silencieusement
The Priests in their yellow robes moved silently
Ils se déplaçaient à travers les arbres verts
they moved through the green trees
Il y avait un pavé de marbre noir
There was a pavement of black marble
Et sur ce pavé se dressait une maison rose rouge
and on this pavement stood a rose-red house
c'était la maison où le Dieu demeurait
this was the house in which the God was dwelling
ses portes étaient en poudre de laque
its doors were of powdered lacquer
et des taureaux et des paons étaient travaillés sur les portes
and bulls and peacocks were wrought on the doors
et les portes étaient polies d'or
and the doors were polished with gold

Le toit de tuiles était en porcelaine vert d'eau
The tiled roof was of sea-green porcelain
et les avant-toits saillants étaient ornés de petites clochettes
and the jutting eaves were festooned with little bells
Quand les colombes blanches passaient, elles frappaient les cloches
When the white doves flew past they struck the bells
ils frappaient les cloches de leurs ailes
they struck the bells with their wings
et les colombes firent tinter les cloches
and the doves made the bells tinkle
Devant le temple se trouvait un bassin d'eau claire
In front of the temple was a pool of clear water
La piscine était pavée d'onyx veiné
the pool was paved with veined onyx
Je me suis allongé au bord de l'eau de la piscine
I laid down beside the water of the pool
et de mes doigts pâles je touchais les larges feuilles
and with my pale fingers I touched the broad leaves
Un des prêtres s'est approché de moi
One of the Priests came towards me
Et le prêtre se tenait derrière moi
and the priest stood behind me
Il avait des sandales aux pieds
He had sandals on his feet
L'une des sandales était en peau de serpent souple
one sandal was of soft serpent-skin
et l'autre sandale était de plumage d'oiseau
and the other sandal was of birds' plumage
Sur sa tête, il y avait une mitre de feutre noir
On his head was a mitre of black felt
et il était décoré de croissants d'argent
and it was decorated with silver crescents
Sept sortes de jaunes étaient tissées dans sa robe
Seven kinds of yellow were woven into his robe
et ses cheveux crépus étaient tachés d'antimoine

and his frizzed hair was stained with antimony

Au bout d'un moment, il me parla
After a little while he spoke to me
Finalement, il m'a demandé ce que je désirais
finally, he asked me my desire
Je lui ai dit que mon désir était de voir leur dieu
I told him that my desire was to see their god
Il m'a regardé bizarrement avec ses petits yeux
He looked strangely at me with his small eyes
— Le dieu chasse, dit le prêtre
"The god is hunting," said the Priest
Je n'ai pas accepté la réponse du prêtre
I did not accept the answer of the priest
«Dis-moi dans quelle forêt et je chevaucherai avec lui »
"Tell me in what forest and I will ride with him"
Ses ongles étaient longs et pointus
his finger nails were long and pointed
Il peigna les franges douces de sa tunique
he combed out the soft fringes of his tunic
— Le dieu dort, murmura-t-il
"The god is asleep," he murmured
«Dis-moi sur quel divan, et je veillerai sur lui »
"Tell me on what couch, and I will watch over him"
«Le dieu est à la fête, s'écria-t-il
"The god is at the feast" he cried
«Si le vin est doux, je le boirai avec lui»
"If the wine be sweet, I will drink it with him"
«Et si le vin est amer, je le boirai aussi avec lui»
"and if the wine be bitter, I will drink it with him also"
Il baissa la tête d'étonnement
He bowed his head in wonder
Puis il m'a pris par la main
then he took me by the hand
et m'a soulevé sur mes pieds
and raised me up onto my feet

et il me conduisit dans le temple
and he led me into the temple

Dans la première chambre, j'ai vu une idole
In the first chamber I saw an idol
Cette idole était assise sur un trône de jaspe
This idol was seated on a throne of jasper
L'idole était bordée de grandes perles d'Orient
the idol was bordered with great orient pearls
et sur son front était un grand rubis
and on its forehead was a great ruby
L'idole était celle d'un homme, taillée dans l'ébène
the idol was of a man, carved out of ebony
Une huile épaisse coulait de ses cheveux jusqu'à ses cuisses
thick oil dripped from its hair to its thighs
Ses pieds étaient rouges du sang d'un agneau qui venait d'être immolé
Its feet were red with the blood of a newly-slain lamb
et ses reins ceints d'une ceinture de cuivre
and its loins girt with a copper belt
cuivre qui était constellé de sept béryls
copper that was studded with seven beryls
Et j'ai dit au prêtre : «Est-ce là le dieu ? »
And I said to the Priest, "Is this the god?"
Et il me répondit : «C'est le dieu»
And he answered me, "This is the god"
«Montre-moi le dieu, m'écriai-je, ou je te tuerai.»
"Show me the god," I cried, "or I will slay thee"
J'ai touché sa main et elle s'est desséchée
I touched his hand and it withered
«Que mon seigneur guérisse son serviteur», me supplia-t-il
"Let my lord heal his servant," he begged me
«guéris son serviteur et je lui montrerai le Dieu »
"heal his servant and I will show him the God"
Alors j'ai respiré avec mon souffle sur sa main
So I breathed with my breath upon his hand

quand j'ai fait cela, sa main est redevenue entière
when I did this his hand became whole again
Et le prêtre tremblait de peur
and the priest trembled with fear
Puis il me conduisit dans la seconde chambre
Then he led me into the second chamber
dans cette chambre, j'ai vu une autre idole
in this chamber I saw another idol
L'idole était debout sur un lotus de jade
The idol was standing on a lotus of jade
le lotus pendu avec de grandes émeraudes
the lotus hung with great emeralds
et le lotus fut sculpté dans l'ivoire
and the lotus was carved out of ivory
Sa stature était deux fois supérieure à celle d'un homme
its stature was twice the stature of a man
Sur son front, il y avait une grande chrysolite
On its forehead was a great chrysolite
ses seins étaient enduits de myrrhe et de cannelle
its breasts were smeared with myrrh and cinnamon
Dans une main, il tenait un sceptre de jade tordu
In one hand it held a crooked sceptre of jade
et dans l'autre main, il tenait un cristal rond
and in the other hand it held a round crystal
et son cou épais était cerclé de sélénites
and its thick neck was circled with selenites
J'ai demandé au prêtre : «Est-ce là le dieu?»
I asked the Priest, "Is this the god?"
il me répondit : «C'est le dieu»
he answered me, "This is the god"
«Montre-moi le dieu, m'écriai-je, ou je te tuerai.»
"Show me the god," I cried, "or I will slay thee"
Et j'ai touché ses yeux et ils sont devenus aveugles
And I touched his eyes and they became blind
Et le prêtre m'a imploré de la miséricorde
And the Priest begged me for mercy

«Que mon seigneur guérisse son serviteur»
"Let my lord heal his servant"
«guérissez-moi et je lui montrerai le Dieu »
"heal me and I will show him the God"
Alors j'ai respiré avec mon souffle sur ses yeux
So I breathed with my breath upon his eyes
Et la vue lui revint aux yeux
and the sight came back to his eyes
Il trembla de nouveau de peur
He trembled with fear again
puis il me conduisit dans la troisième chambre
and then he led me into the third chamber

Il n'y avait pas d'idole dans la troisième chambre
There was no idol in the third chamber
Il n'y avait pas d'images d'aucune sorte
there were no images of any kind
Tout ce qu'il y avait dans la pièce était un miroir
all there was in the room was a mirror
Le miroir était en métal rond
the mirror was made of round metal
Le miroir était posé sur un autel de pierre
the mirror was set on an altar of stone
J'ai dit au prêtre : «Où est le dieu?»
I said to the Priest, "Where is the god?"
il me répondit : «Il n'y a pas d'autre dieu que ce miroir
he answered me, "There is no god but this mirror
parce que c'est le Miroir de la Sagesse
because this is the Mirror of Wisdom
Il reflète toutes les choses qui sont dans le ciel
It reflects all things that are in heaven
et il reflète toutes les choses qui sont sur la terre
and it reflects all things that are on earth
si ce n'est le visage de celui qui le regarde
except for the face of him who looketh into it
celui qui la regarde, elle ne reflète pas

him who looketh into it it reflects not
ainsi celui qui se regarde dans le miroir deviendra sage
so he who looketh into the mirror will become wise
Il existe de nombreux autres miroirs dans le monde
there are many other mirrors in the world
mais ce sont des miroirs d'opinion
but they are mirrors of opinion
C'est le seul miroir qui montre la Sagesse
This is the only mirror that shows Wisdom
Ceux qui possèdent ce miroir savent tout
those who possess this mirror know everything
Il n'y a rien qui leur soit caché
There isn't anything that is hidden from them
Et ceux qui ne possèdent pas le miroir n'ont pas la Sagesse
And those who don't possess the mirror don't have Wisdom
Donc ce miroir est le Dieu
Therefore this mirror is the God
Et c'est pourquoi nous adorons ce miroir
and that is why we worship this mirror
Et je me suis regardé dans le miroir
And I looked into the mirror
et c'était comme il me l'avait dit
and it was as he had said to me

Et puis j'ai fait une chose étrange
And then I did a strange thing
mais ce que j'ai fait n'a pas d'importance
but what I did matters not
Il y a là une vallée qui n'est qu'à une journée de marche d'ici
There a valley that is but a day's journey from here
dans cette vallée, j'ai caché le Miroir de la Sagesse
in this valley I have hidden the Mirror of Wisdom
Permets-moi d'entrer à nouveau en toi
Allow me to enter into thee again
Accepte-moi et tu seras plus sage que tous les sages
accept me and thou shalt be wiser than all the wise men

Laisse-moi entrer en toi et personne ne sera aussi sage que toi
let me enter into thee and none will be as wise as thou
Mais le jeune pêcheur se mit à rire
But the young Fisherman laughed
«L'amour vaut mieux que la sagesse »
"Love is better than Wisdom"
«La petite sirène m'aime »
"The little Mermaid loves me"
«Mais il n'y a rien de mieux que la Sagesse», dit l'Âme
"But there is nothing better than Wisdom" said the Soul
— L'amour est meilleur, répondit le jeune pêcheur
"Love is better," answered the young Fisherman
et il s'enfonça dans les profondeurs de la mer
and he plunged into the deep sea
et l'Âme s'en alla pleurer sur les marais
and the Soul went weeping away over the marshes

Après la deuxième année
After the Second Year

Cela faisait deux ans qu'il s'était débarrassé de son âme
it had been two years since he had cast his soul away
l'Âme revint au rivage de la mer
the Soul came back to the shore of the sea
et l'Âme appelée au jeune Pêcheur
and the Soul called to the young Fisherman
le jeune pêcheur sortit de la mer
the young Fisherman rose back out of the sea
il demanda à son âme : «Pourquoi m'appelles-tu?»
he asked his soul, "Why dost thou call me?"
Et l'Âme répondit : «Approche-toi»
And the Soul answered, "Come nearer"
«Approche-toi, afin que je te parle»
"come nearer, so that I may speak with thee"
«J'ai vu des choses merveilleuses »
"I have seen marvellous things"
Alors le jeune pêcheur s'approcha de son âme
So the young Fisherman came nearer to his soul
et il se coucha dans l'eau peu profonde
and he couched in the shallow water
Et il appuya sa tête sur sa main
and he leaned his head upon his hand
et il a écouté son Âme
and he listened to his Soul
et son Âme lui parla
and his Soul spoke to him

Quand je t'ai quitté, j'ai tourné mon visage vers le Sud
When I left thee I turned my face to the South
Du Sud vient tout ce qui est précieux
From the South cometh everything that is precious
Pendant six jours, j'ai voyagé le long des sentiers poussiéreux

Six days I journeyed along the dusty paths
et les chemins menaient à la ville d'Ashter
and the paths led to the city of Ashter
les chemins par lesquels les pèlerins ont l'habitude d'aller
ways by which the pilgrims are wont to go
le matin du septième jour, j'ai levé les yeux
on the morning of the seventh day I lifted up my eyes
Et voilà !la ville d'Adé était à mes pieds
and lo! the city of Ashter lay at my feet
parce que la ville d'Ashter est dans une vallée
because the city of Ashter is in a valley
Il y a neuf portes autour de cette ville
There are nine gates around this city
Devant chaque porte se dresse un cheval de bronze
in front of each gate stands a bronze horse
les chevaux hennissent quand les Bédouins viennent des montagnes
the horses neigh when the Bedouins come from the mountains
Les murs de la ville sont recouverts de cuivre
The walls of the city are cased with copper
Les tours de guet sur les murs sont couvertes de laiton
the watch-towers on the walls are roofed with brass
Dans chaque tour le long de la muraille se tient un archer
In every tower along the wall stands an archer
et chaque archer a un arc à la main
and each archer has a bow in his hand
Au lever du soleil, il frappe un gong d'une flèche
At sunrise he strikes a gong with an arrow
et au coucher du soleil, il souffle dans un cor
and at sunset he blows through a horn
quand j'ai voulu entrer, les gardes m'ont arrêté
when I sought to enter the guards stopped me
et les gardes me demandèrent qui j'étais
and the guards asked of me who I was
J'ai répondu que j'étais un derviche
I made answer that I was a Dervish

J'ai dit que j'étais en route pour la ville de La Mecque
I said I was on my way to the city of Mecca
à la Mecque, il y avait un voile vert
in Mecca there was a green veil
le Coran était brodé de lettres d'argent dessus
the Koran was embroidered with silver letters on it
il a été brodé par les mains des anges
it was embroidered by the hands of the angels
les gardes étaient remplis d'étonnement par ce que je leur disais
the guards were filled with wonder at what I told them
et ils me prièrent d'entrer dans la ville
and they entreated me to enter the city
À l'intérieur de la ville, il y avait un bazar
Inside the city there was a bazaar
Tu aurais dû être avec moi
Surely thou should'st have been with me
Dans les rues étroites, les joyeuses lanternes de papier flottent
in the narrow streets the happy paper lanterns flutter
Ils voltigent comme de gros papillons
they flutter like large butterflies
Quand le vent souffle, ils montent et descendent comme des bulles
When the wind blows they rise and fall like bubbles
Devant leurs étals sont assis les marchands
In front of their booths sit the merchants
Tous les marchands s'assoient sur leurs tapis de soie
every merchant sits on their silken carpets
Ils ont de longues barbes noires droites
They have long straight black beards
et leurs turbans sont couverts de paillettes dorées
and their turbans are covered with golden sequins
Ils tiennent des cordons d'ambre et des noyaux de pêche sculptés
they hold strings of amber and carved peach-stones

et ils les font glisser entre leurs doigts frais
and they glide them through their cool fingers
Certains d'entre eux vendent du galbanum et du nard
Some of them sell galbanum and nard
certains vendent des parfums des îles de la mer des Indes
some sell perfumes from the islands of the Indian Sea
et ils vendent l'huile épaisse de roses rouges et de myrrhe
and they sell the thick oil of red roses and myrrh
et ils vendent des petits clous de girofle en forme de clou
and they sell little nail-shaped cloves
Quand on s'arrête pour leur parler, ils allument de l'encens
When one stops to speak to them they light frankincense
ils en jettent des pincées sur un brasero à charbon de bois
they throw pinches of it upon a charcoal brazier
et il rend l'air doux
and it makes the air sweet
J'ai vu un Syrien qui tenait une fine tige
I saw a Syrian who held a thin rod
Des filets gris de fumée s'échappaient de la tige
grey threads of smoke came from the rod
et son odeur était comme l'odeur des amandes roses
and its odour was like the odour of the pink almonds
D'autres vendent des bracelets en argent estampés de pierres turquoise
Others sell silver bracelets embossed with turquoise stones
et des bracelets de cheville en fil de laiton frangés de petites perles
and anklets of brass wire fringed with little pearls
et des griffes de tigre serties d'or
and tigers' claws set in gold
et les griffes de ce chat doré
and the claws of that gilt cat
Les griffes des léopards, également serties d'or
the the claws of leopards, also set in gold
et boucles d'oreilles d'émeraude percée
and earrings of pierced emerald

et des anneaux de jade évidés
and finger-rings of hollowed jade
Des salons de thé venait le son de la guitare
From the tea-houses came the sound of the guitar
et les fumeurs d'opium étaient dans les maisons de thé
and the opium-smokers were in the tea-houses
Leurs visages blancs et souriants regardent les passants
their white smiling faces look out at the passers-by
Tu aurais vraiment dû être avec moi
thou truly should'st have been with me
Les vendeurs de vin jouent des coudes pour se frayer un chemin à travers la foule
The wine-sellers elbow their way through the crowd
avec de grandes peaux noires sur leurs épaules
with great black skins on their shoulders
La plupart d'entre eux vendent le vin de Schiraz
Most of them sell the wine of Schiraz
le vin de Schiraz est doux comme le miel
the wine of Schiraz is as sweet as honey
Ils le servent dans de petites tasses en métal
They serve it in little metal cups
Sur la place du marché se tiennent les vendeurs de fruits
In the market-place stand the fruit sellers
Les vendeurs de fruits vendent toutes sortes de fruits
the fruit sellers sell all kinds of fruit
figues mûres, à la chair pourpre meurtrie
ripe figs, with their bruised purple flesh
melons, sentant le musc et le jaune comme des topazes
melons, smelling of musk and yellow as topazes
cédrats et pommes roses et grappes de raisins blancs
citrons and rose-apples and clusters of white grapes
oranges rondes rouge-or et citrons ovales d'or vert
round red-gold oranges and oval lemons of green gold
Une fois, j'ai vu un éléphant passer devant les vendeurs de fruits
Once I saw an elephant go by the fruit sellers

Son tronc était peint avec du vermillon et du curcuma
Its trunk was painted with vermilion and turmeric
et sur ses oreilles il avait un filet de corde de soie cramoisie
and over its ears it had a net of crimson silk cord
Il s'arrêta en face de l'un des stands
It stopped opposite one of the booths
Et l'éléphant se mit à manger les oranges
and the elephant began eating the oranges
Au lieu de se mettre en colère, l'homme se contenta de rire
instead of getting angry, the man only laughed
Tu ne peux pas penser à quel point c'est un peuple étrange
Thou canst not think how strange a people they are
Quand ils sont contents, ils vont chez les marchands d'oiseaux
When they are glad they go to the bird-sellers
Ils s'adressent à eux pour acheter un oiseau en cage
they go to them to buy a caged bird
et ils ont libéré l'oiseau pour augmenter leur joie
and they set the bird free to increase their joy
et quand ils sont tristes, ils se flagellent eux-mêmes avec des épines
and when they are sad they scourge themselves with thorns
afin que leur chagrin ne s'apaise pas
so that their sorrow may not grow less

Un soir, j'ai rencontré des esclaves
One evening I met some slaves
Ils portaient un lourd palanquin à travers le bazar
they were carrying a heavy palanquin through the bazaar
Il était fait de bambou doré
It was made of gilded bamboo
et les poteaux étaient de laque vermillon
and the poles were of vermilion lacquer
Il était constellé de paons en laiton
it was studded with brass peacocks
Aux fenêtres pendaient de minces rideaux

Across the windows hung thin curtains
Les rideaux étaient brodés d'ailes de scarabées
the curtains were embroidered with beetles' wings
et ils étaient tapissés de minuscules perles de rocaille
and they were lined with tiny seed-pearls
et, en passant, un Circassien au visage pâle me sourit
and as it passed by a pale-faced Circassian smiled at me
Je suivis derrière les porteurs du palanquin
I followed behind bearers of the palanquin
Et les esclaves se hâtèrent d'avancer et se renfrognèrent
and the slaves hurried their steps and scowled
Mais je ne me souciais pas qu'ils se renfrognent
But I did not care if they scowled
J'ai senti une grande curiosité m'envahir
I felt a great curiosity come over me
Finalement, ils s'arrêtèrent devant une maison blanche carrée
At last they stopped at a square white house
Il n'y avait pas de fenêtres dans la maison
There were no windows to the house
La maison n'avait qu'une petite porte
all the house had was a little door
et la porte était comme la porte d'un tombeau
and the door was like the door of a tomb
Ils déposèrent le palanquin à la maison
They set down the palanquin at the house
et ils frappèrent trois fois avec un marteau de cuivre
and they knocked three times with a copper hammer
Un Arménien vêtu d'un caftan de cuir vert regardait à travers le guichet
An Armenian in a green leather caftan peered through the wicket
et quand il les vit, il ouvrit la porte
and when he saw them he opened the door
Il étendit un tapis sur le sol et la femme sortit
he spread a carpet on the ground and the woman stepped out

En entrant, elle s'est retournée et m'a souri à nouveau
As she went in she turned round and smiled at me again
Je n'avais jamais vu quelqu'un d'aussi pâle
I had never seen anyone so pale
Quand la lune se leva, je retournai au même endroit
When the moon rose I returned to the same place
et j'ai cherché la maison, mais elle n'était plus là
and I sought for the house, but it was no longer there
Quand j'ai vu cela, j'ai su qui était cette femme
When I saw that I knew who the woman was
et je savais pourquoi elle m'avait souri
and I knew why she had smiled at me
Certainement, tu aurais dû être avec moi
Certainly, thou should'st have been with me

Il y avait une fête de la Nouvelle Lune
There was a feast of the New Moon
le jeune Empereur sortit de son palais
the young Emperor came forth from his palace
Et il entra dans la mosquée pour prier
and he went into the mosque to pray
Ses cheveux et sa barbe étaient teints avec des feuilles de rose
His hair and beard were dyed with rose-leaves
et ses joues étaient poudrées d'une fine poussière d'or
and his cheeks were powdered with a fine gold dust
Les paumes de ses pieds et de ses mains étaient jaunes de safran
The palms of his feet and hands were yellow with saffron
Au lever du soleil, il sortit de son palais
At sunrise he went forth from his palace
Il était vêtu d'une robe d'argent
he was dressed in a robe of silver
et, au coucher du soleil, il revint
and at sunset he returned again
Puis il fut vêtu d'une robe d'or

then he was dressed in a robe of gold
Les gens se jetèrent à terre
The people flung themselves on the ground
ils se cachaient le visage, mais je ne le voulais pas
they hid their faces, but I would not do so
Je me suis tenu près de l'étal d'un vendeur de dattes et j'ai attendu
I stood by the stall of a seller of dates and waited
Quand l'Empereur m'aperçut, il leva ses sourcils peints
When the Emperor saw me he raised his painted eyebrows
Et il s'arrêta pour m'observer
and he stopped to observe me
Je restai tout à fait immobile et ne lui fis aucune révérence
I stood quite still and made him no obeisance
Le peuple s'étonnait de mon audace
The people marvelled at my boldness
Ils m'ont conseillé de fuir la ville
they counselled me to flee from the city
mais je n'ai pas prêté attention à leurs avertissements
but I paid no heed to their warnings
au lieu de cela, je suis allé m'asseoir avec les vendeurs de dieux étranges
instead, I went and sat with the sellers of strange gods
à cause de leur ruse, ils sont abominés
by reason of their craft they are abominated
Quand je leur ai raconté ce que j'avais fait, chacun d'eux m'a donné une idole
When I told them what I had done each of them gave me an idol
et ils m'ont prié de les quitter
and they prayed me to leave them

Cette nuit-là, j'étais dans la rue des Grenades
That night I was in the Street of Pomegranates
J'étais dans un salon de thé et je m'étendis sur un coussin
I was in a tea-house and I laid on a cushion

les gardes de l'Empereur entrèrent et me conduisirent au palais
the guards of the Emperor entered and led me to the palace
Quand je suis entré, ils ont fermé toutes les portes derrière moi
As I went in they closed each door behind me
et ils mirent une chaîne en travers de chaque porte
and they put a chain across each door
À l'intérieur du palais, il y avait une grande cour
Inside the palace there was a great courtyard
Les murs de la cour étaient d'albâtre blanc
The walls of the courtyard were of white alabaster
L'albâtre était décoré de carreaux bleus et verts
the alabaster was decorated with blue and green tiles
et les colonnes étaient de marbre vert
and the pillars were of green marble
et le pavé était de marbre de fleurs de pêcher
and the pavement was of peach-blossom marble
Je n'avais jamais rien vu de tel auparavant
I had never seen anything like it before
Comme je passais devant la cour, deux femmes voilées étaient sur un balcon
As I passed the courtyard two veiled women were on a balcony
Ils ont baissé les yeux de leur balcon et m'ont maudit
they looked down from their balcony and cursed me
Les gardes se hâtèrent de traverser la cour
The guards hastened on through the courtyard
Les crosses des lances résonnaient sur le sol poli
the butts of the lances rang upon the polished floor
Ils ouvrirent une porte d'ivoire ouvragé
They opened a gate of wrought ivory
Je me suis retrouvé dans un jardin arrosé de sept terrasses
I found myself in a watered garden of seven terraces
Le jardin était planté de tasses de tulipes et de fleurs de lune
The garden was planted with tulip-cups and moon-flowers

une fontaine pendait dans l'air sombre comme un mince roseau de cristal
a fountain hung in the dusky air like a slim reed of crystal
Les cyprès étaient comme des torches brûlées
The cypress-trees were like burnt-out torches
De l'un des arbres, un rossignol chantait
From one of the trees a nightingale was singing
Au fond du jardin s'élevait un petit pavillon
At the end of the garden stood a little pavilion
Comme nous approchions du pavillon, deux eunuques en sortirent
while we approached the pavilion two eunuchs came out
Leurs corps gras se balançaient en marchant
Their fat bodies swayed as they walked
Et ils me regardèrent avec curiosité
and they glanced curiously at me
L'un d'eux tira à l'écart le capitaine de la garde
One of them drew aside the captain of the guard
Et l'eunuque lui murmura à voix basse
and in a low voice the eunuch whispered to him
L'autre continuait à grignoter des pastilles parfumées
The other kept munching scented pastilles
Il les sortit d'une boîte ovale d'émail lilas
these he took out of an oval box of lilac enamel
Peu de temps après, le capitaine de la garde congédia les soldats
soon after the captain of the guard dismissed the soldiers
Les soldats retournèrent au palais
The soldiers went back to the palace
Les eunuques suivaient les gardes, mais lentement
the eunuchs followed behind the guards, but slowly
et ils cueillirent les mûres douces des arbres
and they plucked the sweet mulberries from the trees
À un moment donné, le vieil eunuque se retourna
at one time the older eunuch turned round
Et il m'a souri d'un sourire maléfique

and he smiled at me with an evil smile
Alors le capitaine des gardes me fit signe d'avancer
Then the captain of the guards motioned me forwards
Je me dirigeai vers l'entrée sans trembler
I walked to the entrance without trembling
J'écartai le lourd rideau et j'entrai
I drew the heavy curtain aside, and entered
Le jeune Empereur était étendu sur un divan
The young Emperor was stretched on a couch
Le canapé était recouvert de peaux de lions teintes
the couch was covered in dyed lion skins
et un faucon était perché sur son poignet
and a falcon was perched upon his wrist
Derrière lui se tenait un Nubien enturbanné en laiton
Behind him stood a brass-turbaned Nubian
Il était nu jusqu'à la taille
he was naked down to the waist
Il avait de lourdes boucles d'oreilles dans ses oreilles fendues
he had heavy earrings in his split ears
Sur une table à côté gisait un puissant cimeterre d'acier
On a table by the side lay a mighty scimitar of steel
Quand l'Empereur me vit, il fronça les sourcils
When the Emperor saw me he frowned
il me demanda : «Quel est ton nom?»
he asked me, "What is thy name?"
«Ne sais-tu pas que je suis empereur de cette ville?»
"Knowest thou not that I am Emperor of this city?"
Mais je ne lui fis aucune réponse à sa question
But I made him no answer to his question
Il pointa du doigt le cimeterre
He pointed with his finger at the scimitar
le Nubien s'empara du cimeterre, prêt à en découdre
the Nubian seized the scimitar, ready to fight
S'élançant en avant, il me frappa avec une grande violence
rushing forward he struck at me with great violence

La lame m'a traversé en sifflant et ne m'a fait aucun mal
The blade whizzed through me and did me no hurt
L'homme est tombé vautré sur le sol
The man fell sprawling on the floor
Quand il se releva, ses dents claquèrent de terreur
when he rose up his teeth chattered with terror
Et il se cacha derrière le canapé
and he hid behind the couch
L'Empereur se leva d'un bond
The Emperor leapt to his feet
Il a pris une lance sur un support et l'a jetée sur moi
he took a lance from a stand and threw it at me
Je l'ai attrapé dans son vol
I caught it in its flight
J'ai cassé l'arbre en deux morceaux
I broke the shaft into two pieces
Puis il m'a tiré dessus avec une flèche
then he shot at me with an arrow
mais j'ai levé les mains quand il est venu à moi
but I held up my hands as it came to me
et j'ai arrêté la flèche en l'air
and I stopped the arrow in mid-air
Puis il tira un poignard d'une ceinture de cuir blanc
Then he drew a dagger from a belt of white leather
et il poignarda le Nubien à la gorge
and he stabbed the Nubian in the throat
afin que l'esclave ne parlât pas de son déshonneur
so that the the slave would not tell of his dishonour
L'homme se tordait comme un serpent piétiné
The man writhed like a trampled snake
et une écume rouge jaillit de ses lèvres
and a red foam bubbled from his lips
Dès qu'il fut mort, l'Empereur se tourna vers moi
As soon as he was dead the Emperor turned to me
Il sortit une petite serviette de soie pourpre
he took out a little napkin of purple silk

et il avait essuyé la sueur brillante de son front
and he had wiped away the bright sweat from his brow
il m'a dit : «Es-tu prophète?»
he said to me, "Art thou a prophet?"
«Est-ce pour ne pas te faire de mal?»
"is it that I may not harm thee?"
«Ou es-tu le fils d'un prophète?»
"or are you the son of a prophet?"
«Et est-ce que je ne peux pas te faire de mal?»
"and is it that can I do thee no hurt?"
«Je te prie de quitter ma ville ce soir »
"I pray thee leave my city tonight"
«Tant que tu es dans ma ville, je n'en suis plus le seigneur »
"while thou art in my city I am no longer its lord"
Et cette fois, j'ai répondu à sa question
And this time I answered his question
«Je quitterai leur ville pour la moitié de ton trésor»
"I will leave they city, for half of thy treasure"
«Donne-moi la moitié de ton trésor et je m'en irai»
"Give me half of thy treasure and I will go away"
«Il m'a pris par la main et m'a conduit dans le jardin »
"He took me by the hand and led me into the garden"
«Quand le capitaine de la garde m'a vu, il s'est étonné »
"When the captain of the guard saw me he wondered"
«Quand les eunuques m'ont vu, leurs genoux ont tremblé »
"When the eunuchs saw me their knees shook"
«Et ils tombèrent par terre de peur»
"and they fell upon the ground in fear"

Il y a une chambre spéciale dans le palais
There is a special chamber in the palace
La chambre a huit parois de porphyre rouge
the chamber has eight walls of red porphyry
et il a un plafond en écailles de laiton suspendu avec des lampes
and it has a brass-scaled ceiling hung with lamps

L'Empereur toucha l'un des murs et celui-ci s'ouvrit
The Emperor touched one of the walls and it opened
Nous sommes passés dans un couloir qui était éclairé par de nombreuses torches
we passed down a corridor that was lit with many torches
Dans les niches de chaque côté se dressaient de grandes jarres à vin
In niches upon each side stood great wine-jars
Les jarres à vin étaient remplies à ras bord de pièces d'argent
the wine-jars were filled to the brim with silver pieces
Bientôt, nous atteignîmes le centre du couloir
soon we reached the centre of the corridor
l'Empereur a prononcé la parole qui ne peut pas être dite
the Emperor spoke the word that may not be spoken
Une porte de granit s'ouvrit sur un ressort secret
a granite door swung back on a secret spring
et il mit ses mains devant son visage
and he put his hands before his face
pour qu'il ne soit pas ébloui
so that he would not be dazzled
Tu n'aurais pas cru à quel point c'était un endroit merveilleux
Thou would not have believed how marvellous a place it was
Il y avait d'énormes carapaces de tortues pleines de perles
There were huge tortoise-shells full of pearls
et il y avait des pierres de lune creusées de grande taille
and there were hollowed moonstones of great size
Les pierres de lune étaient remplies de rubis rouges
the moonstones were piled up with red rubies
L'or était stocké dans des coffres en peau d'éléphant
The gold was stored in coffers of elephant-hide
et il y avait de la poudre d'or dans des bouteilles de cuir
and there was gold-dust in leather bottles
Il y avait plus d'opales et de saphirs que je ne pouvais en compter
There were more opals and sapphires than I could count

Les nombreuses opales étaient conservées dans des coupes de cristal
the many opals were kept in cups of crystal
et les saphirs étaient conservés dans des coupes de jade
and the sapphires were kept in cups of jade
Des émeraudes vertes rondes ont été disposées dans l'ordre
Round green emeralds were arranged in order
ils étaient disposés sur de minces plaques d'ivoire
they were laid out upon thin plates of ivory
Dans un coin, il y avait des sacs de soie remplis de pierres turquoises
in one corner were silk bags full of turquoise-stones
et d'autres sacs étaient remplis de béryls
and others bags were filled with beryls
Les cornes d'ivoire étaient remplies d'améthystes violettes
The ivory horns were heaped with purple amethysts
et les cornes d'airain étaient entassées de calcédoine et de pierres de sard
and the horns of brass were heaped with chalcedony and sard stones
Les piliers qui maintenaient le plafond étaient en cèdre
The pillars holding the ceiling were made of cedar
Ils étaient suspendus avec des cordes de pierres de lynx jaunes
they were hung with strings of yellow lynx-stones
Dans les boucliers ovales plats, il y avait des escarboucles
In the flat oval shields there were carbuncles
ils étaient couleur de vin et colorés comme de l'herbe
they were wine-coloured, and coloured like grass
Et pourtant je ne t'ai dit qu'une fraction de ce qu'il y avait là
And yet I have told thee but a fraction of what was there

L'Empereur retira ses mains de son visage
The Emperor took away his hands from his face
Il m'a dit : «C'est ma maison de trésor»
he said to me, "this is my house of treasure"

La moitié de ce qu'il y a dans cette maison est à toi
half of what is in this house is thine
c'est ce que je t'ai promis
this is as I promised to thee
Et je te donnerai des chameaux et des chameliers
And I will give thee camels and camel drivers
et les chameliers feront ce que tu veux
and the camel drivers shall do thy bidding
S'il te plaît, prends ta part du trésor
please, take thy share of the treasure
Apportez-le dans n'importe quelle partie du monde que vous désirez
take it to whatever part of the world thou desirest
Mais la chose sera faite ce soir
But the thing shall be done tonight
Parce que, comme vous le savez, le soleil est mon père
because, as you know, the sun is my father
il ne faut pas qu'il voie un homme dans la ville que je ne puisse tuer
he must not see a man in the city that I cannot slay
Mais je lui répondis : «L'or qui est ici est à toi.»
But I answered him, "The gold that is here is thine"
«Et l'argent qui est ici aussi est à toi»
"and the silver that is here also is thine"
«Et à toi sont les joyaux précieux et les opales »
"and thine are the precious jewels and opals"
«Quant à moi, je n'ai pas besoin de ces trésors »
"As for me, I have no need of these treasures"
«Je ne prendrai rien de toi»
"I shall not take anything from thee"
«Mais je prendrai le petit anneau que tu portes.»
"but I will take the little ring that thou wearest"
«C'est sur le doigt de ta main»
"it is on the finger of thy hand"
quand j'ai dit cela, l'Empereur a froncé les sourcils
when I said this the Emperor frowned

— Ce n'est qu'un anneau de plomb, s'écria-t-il
"It is but a ring of lead," he cried
«Une simple bague n'a aucune valeur pour vous»
"a simple ring has no value for you"
«Prends ta moitié du trésor et sors de ma ville»
"take thy half of the treasure and go from my city"
«Non, répondis-je, c'est ce que je veux.»
"Nay" I answered, "it is what I want"
«Je ne prendrai rien d'autre que cet anneau de plomb»
"I will take nought but that lead ring"
«car je sais ce qui est écrit dedans»
"for I know what is written within it"
«et je sais à quoi ça sert»
"and I know for what purpose it is"
Et l'Empereur tremblait de peur
And the Emperor trembled in fear
il m'a supplié et m'a dit : «Prends tout le trésor»
he besought me and said, "Take all the treasure"
«Prends tout le trésor et quitte ma ville»
"take all the treasure and go from my city"
«La moitié qui est à moi sera aussi à toi»
"The half that is mine shall be thine also"

Et j'ai fait une chose étrange
And I did a strange thing
mais ce que j'ai fait n'a pas d'importance
but what I did matters not
parce qu'il y a une grotte qui n'est qu'à une journée de marche d'ici
because there is a cave that is but a day's journey from here
dans cette grotte, j'ai caché l'Anneau des Richesses
in that cave I have hidden the Ring of Riches
Dans cette grotte, l'anneau des richesses attend ta venue
in this cave the ring of riches waits for thy coming
Celui qui a cet Anneau est plus riche que tous les rois du monde

He who has this Ring is richer than all the kings of the world
Viens et prends-le, et les richesses du monde seront à toi
Come and take it, and the world's riches shall be thine
Mais le jeune pêcheur se mit à rire, «l'amour vaut mieux que la richesse»
But the young Fisherman laughed, "love is better than riches"
— Et la petite Sirène m'aime, ajouta-t-il
"and the little Mermaid loves me," he added
— Non, mais il n'y a rien de mieux que les richesses, dit l'Âme
"Nay, but there is nothing better than riches," said the Soul
— L'amour est meilleur, répondit le jeune pêcheur
"Love is better," answered the young Fisherman
et il replongea dans les eaux profondes
and he plunged back into the deep waters
et l'Âme s'en alla pleurer sur les marais
and the Soul went weeping away over the marshes

Après la troisième année
After the Third Year

Cela faisait trois ans qu'il avait rejeté son âme
it had been three year since he cast his soul away
l'Âme revint au rivage de la mer
the Soul came back to the shore of the sea
et l'Âme appelée au jeune Pêcheur
and the Soul called to the young Fisherman
le jeune pêcheur sortit de la mer
the young Fisherman rose back out of the sea
il demanda à son âme : «Pourquoi m'appelles-tu?»
he asked his soul, "Why dost thou call me?"
Et l'Âme répondit : «Approche-toi»
And the Soul answered, "Come nearer"
«Approche-toi, afin que je te parle»
"come nearer, so that I may speak with thee"
«J'ai vu des choses merveilleuses »
"I have seen marvellous things"
Alors le jeune pêcheur s'approcha de son âme
So the young Fisherman came nearer to his soul
et il se coucha dans l'eau peu profonde
and he couched in the shallow water
Et il appuya sa tête sur sa main
and he leaned his head upon his hand
et il a écouté son Âme
and he listened to his Soul
et son Âme lui parla
and his Soul spoke to him

Dans une ville que je connais, il y a une auberge
In a city that I know of there is an inn
l'auberge dont je parle se trouve au bord d'une rivière
the inn that I speak of stands by a river
dans cette auberge, je m'asseyais et je buvais avec les matelots

in this inn I sat and drunk with sailors
marins qui buvaient deux vins de couleurs différentes
sailors who drank two different coloured wines
et ils mangèrent du pain d'orge
and they ate bread made of barley
et j'ai mangé des petits poissons salés avec eux
and I ate salty little fish with them
petits poissons qui étaient servis dans des feuilles de laurier avec du vinaigre
little fish that were served in bay leaves with vinegar
Pendant que nous nous asseyions et que nous nous amusions, un vieil homme entra
while we sat and made merry an old man entered
Il avait un tapis de cuir avec lui
he had a leather carpet with him
et il avait un luth qui avait deux cornes d'ambre
and he had a lute that had two horns of amber
Il étendit le tapis sur le sol
he laid out the carpet on the floor
et il frappa sur les cordes de son luth
and he struck on the strings of his lute
Et une fille est entrée en courant et a commencé à danser devant nous
and a girl ran in and began to dance in front of us
Son visage était voilé d'un voile de gaze
Her face was veiled with a veil of gauze
et elle portait de la soie, mais ses pieds étaient nus
and she was wearing silk, but her feet were naked
et ses pieds se déplaçaient sur le tapis comme de petits pigeons blancs
and her feet moved over the carpet like little white pigeons
Jamais je n'ai rien vu d'aussi merveilleux
Never have I seen anything so marvellous
La ville où elle danse n'est qu'à une journée de route d'ici
the city where she dances is but a day's journey from here
le jeune pêcheur entendit les paroles de son âme

the young Fisherman heard the words of his Soul
il se souvint que la petite Sirène n'avait pas de pieds
he remembered that the little Mermaid had no feet
Et il se souvint qu'elle était incapable de danser
and he remembered she was unable to dance
Un grand désir s'empara de lui de voir la jeune fille
a great desire came over him to see the girl
il se dit : «Ce n'est qu'une journée de voyage»
he said to himself, "It is but a day's journey"
«Et alors je pourrai retourner à mon amour», a-t-il dit en riant
"and then I can return to my love," he laughed
Il s'est tenu debout dans l'eau peu profonde
he stood up in the shallow water
Et il s'avança vers le rivage
and he strode towards the shore
Quand il eut atteint le rivage sec, il se remit à rire
when he had reached the dry shore he laughed again
et il tendit les bras vers son âme
and he held out his arms to his Soul
son Âme poussa un grand cri de joie
his Soul gave a great cry of joy
son Âme courut à la rencontre de son corps
his Soul ran to meet his body
et son âme entra de nouveau en lui
and his Soul entered into back him again
le jeune pêcheur ne fit plus qu'un avec son ombre
the young Fisherman became one with his shadow once more
l'ombre du corps qui est le corps de l'Âme
the shadow of the body that is the body of the Soul
Et son âme lui dit : «Ne tardons pas»
And his Soul said to him, "Let us not tarry"
«Mais allons-y tout de suite »
"but let us get going at once"
«parce que les dieux de la mer sont jaloux »
"because the Sea-gods are jealous"

«Et ils ont des monstres qui obéissent à leurs ordres »
"and they have monsters that do their bidding"
Ils se hâtèrent donc d'arriver à la ville
So they made haste to get to the city

Péché
Sin

Toute cette nuit-là, ils voyageèrent sous la lune
all that night they journeyed beneath the moon
et tout le lendemain ils marchèrent sous le soleil
and all the next day they journeyed beneath the sun
Le soir du jour, ils arrivèrent dans une ville
on the evening of the day they came to a city
demanda le jeune Pêcheur à son Âme
the young Fisherman asked his Soul
«Est-ce la ville où elle danse?»
"Is this the city in which she dances?"
Et son âme lui répondit
And his Soul answered him
«Ce n'est pas cette ville, mais une autre »
"It is not this city, but another"
«Néanmoins, entrons dans cette ville »
"Nevertheless, let us enter this city"
Ils entrèrent donc dans la ville et traversèrent les rues
So they entered the city and passed through the streets
Ils passèrent par la rue des bijoutiers
they passed through the street of jewellers
En passant dans la rue, le jeune pêcheur aperçut une coupe d'argent
passing through the street, the young Fisherman saw a silver cup
son Âme lui dit : «Prends cette coupe d'argent»
his Soul said to him, "Take that silver cup"
et son âme lui dit de cacher la coupe d'argent
and his Soul told him to hide the silver cup
Il prit donc la coupe d'argent et la cacha
So he took the silver cup and hid it
et ils sortirent précipitamment de la ville
and they went hurriedly out of the city
le jeune pêcheur fronça les sourcils et jeta la coupe au loin

the young Fisherman frowned and flung the cup away
«Pourquoi m'as-tu dit de prendre cette coupe?»
"Why did'st thou tell me to take this cup?"
«C'était une mauvaise chose à faire »
"it was an evil thing to do"
Mais son âme lui a simplement dit d'être en paix
But his Soul just told him to be at peace

Le soir du deuxième jour, ils arrivèrent dans une ville
on the evening of the second day they came to a city
demanda le jeune Pêcheur à son Âme
the young Fisherman asked his Soul
«Est-ce la ville où elle danse?»
"Is this the city in which she dances?"
Et son âme lui répondit
And his Soul answered him
«Ce n'est pas cette ville, mais une autre »
"It is not this city, but another"
«Néanmoins, entrons dans cette ville »
"Nevertheless, let us enter this city"
Ils entrèrent donc et traversèrent les rues
So they entered in and passed through the streets
Ils passèrent par la rue des marchands de sandales
they passed through the street of sandal sellers
en passant dans la rue, le jeune pêcheur aperçut un enfant
passing through the street, the young Fisherman saw a child
L'enfant se tenait près d'une jarre d'eau
the child was standing by a jar of water
son Âme lui dit de frapper l'enfant
his Soul told him to smite the child
Et il frappa l'enfant jusqu'à ce qu'il pleure
So he smote the child till it wept
Après qu'il eut fait cela, ils sortirent précipitamment de la ville
after he had done this they went hurriedly out of the city
le jeune pêcheur se mit en colère contre son âme

the young Fisherman grew angry with his soul
«Pourquoi m'as-tu dit de frapper l'enfant?»
"Why did'st thou tell me to smite the child?"
«C'était une mauvaise chose à faire »
"it was an evil thing to do"
Mais son âme lui a simplement dit d'être en paix
But his Soul just told him to be at peace

Le soir du troisième jour, ils arrivèrent dans une ville
And on the evening of the third day they came to a city
demanda le jeune Pêcheur à son Âme
the young Fisherman asked his Soul
«Est-ce la ville où elle danse?»
"Is this the city in which she dances?"
Et son âme lui répondit
And his Soul answered him
«Il se peut que ce soit cette ville, alors entrons »
"It may be that it is this city, so let us enter"
Ils entrèrent donc dans la ville et traversèrent les rues
So they entered the city and passed through the streets
mais nulle part le jeune pêcheur ne put trouver la rivière
but nowhere could the young Fisherman find the river
Et il n'a pas pu trouver l'auberge non plus
and he couldn't find the inn either
Et les gens de la ville le regardaient avec curiosité
And the people of the city looked curiously at him
et il eut peur et demanda à son âme de partir
and he grew afraid and asked his Soul to leave
«Celle qui danse aux pieds blancs n'est pas là »
"she who dances with white feet is not here"
Mais son âme répondit : «Non, mais reposons-nous»
But his Soul answered "Nay, but let us rest"
«Parce que la nuit est sombre »
"because the night is dark"
«Et il y aura des brigands sur le chemin »
"and there will be robbers on the way"

Il s'assit donc sur la place du marché et se reposa
So he sat himself down in the market-place and rested
Au bout d'un moment, un marchand encapuchonné passa devant lui
after a time a hooded merchant walked past him
il avait un manteau de drap de Tartarie
he had a cloak of cloth of Tartary
et il portait une lanterne de corne percée
and he carried a lantern of pierced horn
demanda le marchand au jeune pêcheur
the merchant asked the young Fisherman
«Pourquoi t'assieds-tu sur la place du marché?»
"Why dost thou sit in the market-place?"
«Les stands sont fermés et les balles cordées »
"the booths are closed and the bales corded"
Et le jeune pêcheur lui répondit
And the young Fisherman answered him
«Je ne trouve pas d'auberge dans cette ville »
"I can find no inn in this city"
«Je n'ai pas de parent qui pourrait m'héberger »
"I have no kinsman who might give me shelter"
— Ne sommes-nous pas tous parents?dit le marchand
"Are we not all kinsmen?" said the merchant
«Et un seul Dieu ne nous a-t-il pas créés?»
"And did not one God make us?"
«Viens avec moi, car j'ai une chambre d'hôtes»
"come with me, for I have a guest-chamber"
Alors le jeune pêcheur se leva et suivit le marchand
So the young Fisherman rose up and followed the merchant
Ils traversèrent un jardin de grenadiers
they passed through a garden of pomegranates
et ils entrèrent dans la maison du marchand
and they entered into the house of the merchant
Le marchand lui apporta de l'eau de rose dans un plat de cuivre
the merchant brought him rose-water in a copper dish

pour qu'il puisse se laver les mains
so that he could wash his hands
et il lui apporta des melons mûrs
and he brought him ripe melons
afin qu'il puisse étancher sa soif
so that he could quench his thirst
Et il lui donna un bol de riz
and he gave him a bowl of rice
Dans le bol de riz était de l'agneau rôti
in the bowl of rice was roasted lamb
afin qu'il puisse satisfaire sa faim
so that he could satisfy his hunger
le jeune Fischerman acheva son repas
the young Fischerman finished his meal
et il remercia le marchand de toute sa générosité
and he thanked the merchant for all his generousity
Puis le marchand le conduisit à la chambre d'hôtes
then the merchant led him to the guest-chamber
et le marchand le laissa dormir dans sa chambre
and the merchant let him sleep in his chamber
le jeune pêcheur le remercia encore
the young Fisherman gave him thanks again
Et il baisa l'anneau qu'il avait à la main
and he kissed the ring that was on his hand
Il se jeta sur les tapis de poil de chèvre teint
he flung himself down on the carpets of dyed goat's-hair
Et quand il tira la couverture sur lui, il s'endormit
And when pulled the blanket over himself he fell asleep

C'était trois heures avant l'aube
it was three hours before dawn
alors qu'il faisait encore nuit, son âme le réveilla
while it was still night his Soul woke him
son Âme lui a dit de se lever
his Soul told him to rise
«Lève-toi et va dans la chambre du marchand»

"Rise up and go to the room of the merchant"
«Va dans la chambre où il dort »
"go to the room in which he sleeps"
«Tuez-le dans son sommeil »
"slay him in his sleep"
«Prends-lui son or»
"take his gold from him"
«Parce que nous en avons besoin »
"because we have need of it"
Et le jeune pêcheur se leva
And the young Fisherman rose up
Et il se glissa vers la chambre du marchand
and he crept towards the room of the merchant
Il y avait une épée recourbée aux pieds du marchand
there was a curved sword at the feet of the merchant
et il y avait un plateau à côté du marchand
and there was a tray by the side of the merchant
Le plateau contenait neuf bourses d'or
the tray held nine purses of gold
Et il étendit la main et toucha l'épée
And he reached out his hand and touched the sword
Et quand il toucha l'épée, le marchand se réveilla
and when he touched the sword the merchant woke up
Il se leva d'un bond et saisit l'épée
he leapt up and seized the sword
«Rends-tu le mal pour le bien?»
"Dost thou return evil for good?"
«Payez-vous avec l'effusion du sang?»
"do you pay with the shedding of blood?"
«en récompense de la bonté que je t'ai témoignée»
"in return for the kindness that I have shown thee"
Et son âme dit au jeune pêcheur : «Frappe-le»
And his Soul said to the young Fisherman, "Strike him"
et il le frappa de telle sorte qu'il s'évanouit
and he struck him so that he swooned
Il s'empara des neuf bourses d'or

he seized the nine purses of gold
et il s'enfuit précipitamment à travers le jardin des grenadiers
and he fled hastily through the garden of pomegranates
Et il fixa son visage vers l'étoile du matin
and he set his face to the star of morning
Ils s'échappèrent de la ville sans se faire remarquer
they escaped the city without being noticed
le jeune pêcheur se frappa la poitrine
the young Fisherman beat his breast
«Pourquoi m'as-tu ordonné de tuer le marchand?»
"Why didst thou bid me to slay the merchant?"
«Pourquoi m'as-tu fait prendre son or?»
"why did you make me take his gold?"
«Assurément, tu es méchant»
"Surely thou art evil"
Mais son âme lui dit d'être en paix
But his Soul told him to be at peace
— Non!s'écria le jeune pêcheur
"No!" cried the young Fisherman
«Je ne peux pas être en paix avec ça »
"I can not be at peace with this"
«Tout ce que tu m'as fait faire, je le déteste »
"all that thou hast made me do I hate"
«Et ce que je déteste d'autre, c'est toi »
"and what else I hate is you"
«Pourquoi m'as-tu amené ici pour faire ces choses?»
"why have you brought me here to do these things?"
Et son âme lui répondit
And his Soul answered him
«Quand tu m'as envoyé dans le monde, tu ne m'as pas donné de cœur »
"When you sent me into the world you gave me no heart"
«J'ai donc appris à faire toutes ces choses »
"so I learned to do all these things"
«Et j'ai appris à aimer ces choses »

"and I learned to love these things"
— **Que dis-tu?murmura le jeune pêcheur**
"What sayest thou?" murmured the young Fisherman
— **Tu le sais, répondit son âme**
"Thou knowest," answered his Soul
«As-tu oublié que tu ne m'as pas donné de cœur?»
"Have you forgotten that you gave me no heart?"
«Ne te tourmente pas pour moi, mais sois en paix »
"don't trouble yourself for me, but be at peace"
«Parce qu'il n'y a pas de douleur que vous ne devriez pas donner »
"because there is no pain you shouldn't give away"
«Et il n'y a pas de plaisir que vous ne receviez pas »
"and there is no pleasure that you should not receive"
quand le jeune pêcheur entendit ces paroles, il trembla
when the young Fisherman heard these words he trembled
«Non, mais tu es méchant»
"Nay, but thou art evil"
«Tu m'as fait oublier mon amour »
"you have made me forget my love"
«Tu m'as tenté par des tentations »
"you have tempted me with temptations"
«Et tu as mis mes pieds dans les voies du péché»
"and you have set my feet in the ways of sin"
Et son âme lui répondit
And his Soul answered him
— **Vous n'avez pas oublié?**
"you have not forgotten?"
«Tu m'as envoyé dans le monde sans cœur»
"you sent me into the world with no heart"
«Viens, allons dans une autre ville »
"Come, let us go to another city"
«Réjouissons-nous avec l'or que nous avons »
"let us make merry with the gold we have"
Mais le jeune pêcheur prit les neuf bourses d'or
But the young Fisherman took the nine purses of gold

il jeta les bourses d'or dans le sable
he flung the purses of gold into the sand
et il a foulé aux pieds les bourses d'or
and he trampled on the on the purses of gold
«Non!» cria-t-il à son âme
"Nay!" he cried to his Soul
«Je n'aurai rien à faire avec toi »
"I will have nought to do with thee"
«Je ne voyagerai avec toi nulle part »
"I will not journey with thee anywhere"
«Je t'ai déjà renvoyé»
"I have sent thee away before"
«Et je te renverrai»
"and I will send thee away again"
«Parce que tu ne m'as rien apporté de bon»
"because thou hast brought me no good"
Et il tourna le dos à la lune
And he turned his back to the moon
Il tenait le petit couteau vert à la main
he held the little green knife in his hand
Il s'efforçait d'ôter de ses pieds l'ombre du corps
he strove to cut from his feet the shadow of the body
l'ombre du corps, qui est le corps de l'Âme
the shadow of the body, which is the body of the Soul
Pourtant, son âme ne bougeait pas de lui
Yet his Soul stirred not from him
et il n'a pas tenu compte de son ordre
and it paid no heed to his command
«Le sort que la sorcière t'a dit n'est plus d'aucune utilité »
"The spell the Witch told thee avails no more"
«Je ne peux plus te quitter »
"I may not leave thee anymore"
«Et tu ne peux pas me chasser »
"and thou can't drive me forth"
«Une fois dans sa vie, qu'un homme renvoie son âme »
"Once in his life may a man send his Soul away"

«mais celui qui reçoit son âme doit la garder pour toujours »
"but he who receives back his Soul must keep it for ever"
«C'est là son châtiment et sa récompense »
"this is his punishment and his reward"
le jeune pêcheur pâlit de son sort
the young Fisherman grew pale at his fate
Et il serra les mains et pleura
and he clenched his hands and cried
«C'était une fausse sorcière de ne pas me l'avoir dit »
"She was a false Witch for not telling me"
«Non,» répondit son Âme, «ce n'était pas une fausse Sorcière»
"Nay," answered his Soul, "she was not a false Witch"
«mais elle était fidèle à Celui qu'elle adore »
"but she was true to Him she worships"
«Et elle sera sa servante pour toujours»
"and she will be his servant forever"
le jeune pêcheur savait qu'il ne pourrait plus se débarrasser de son âme
the young Fisherman knew he could not get rid of his Soul again
il savait maintenant que son âme était une âme mauvaise
he knew now that his soul was an evil Soul
et son âme demeurerait toujours avec lui
and his Soul would abide with him always
Quand il sut cela, il tomba par terre et pleura
when he knew this he fell upon the ground and wept

Le cœur
The Heart

quand le jour parut, le jeune pêcheur se leva
when it was day the young Fisherman rose up
il a dit à son Âme : «Je vais me lier les mains»
he told his Soul, "I will bind my hands"
«De cette façon, je ne peux pas faire ce que tu veux »
"that way I can not do thy bidding"
«et je fermerai mes lèvres »
"and I will close my lips"
«De cette façon, je ne peux pas prononcer tes paroles »
"that way I can not speak thy words"
«et je retournerai à l'endroit où vit mon amour »
"and I will return to the place where my love lives"
«Je retournerai à la mer »
"to the sea will I return"
«Je retournerai là où elle m'a chanté »
"I will return to where she sung to me"
«Et je l'appellerai »
"and I will call to her"
«Je lui dirai le mal que j'ai fait »
"I will tell her the evil I have done"
«Et je lui dirai le mal que tu m'as fait»
"and I will tell her the evil thou hast wrought on me"
son Âme le tenta : «Qui est ton amour?»
his Soul tempted him, "Who is thy love?"
«Pourquoi reviendrais-tu vers elle?»
"why should thou return to her?"
«Le monde a beaucoup de gens plus beaux qu'elle »
"The world has many fairer than she is"
«Il y a les danseuses de Samaris »
"There are the dancing-girls of Samaris"
«Ils dansent comme les oiseaux dansent »
"they dance the way birds dance"
«Et ils dansent comme dansent les bêtes »

"and they dance the way beasts dance"
«Leurs pieds sont peints au henné »
"Their feet are painted with henna"
«Dans leurs mains, ils ont de petites cloches de cuivre »
"in their hands they have little copper bells"
«Ils rient en dansant »
"They laugh while they dance"
«Leur rire est aussi clair que le rire de l'eau »
"their laughter is as clear as the laughter of water"
«Viens avec moi et je te les montrerai»
"Come with me and I will show them to thee"
«Pourquoi vous tourmenter avec les choses du péché?»
"because why trouble yourself with things of sin?"
«Ce qui est agréable à manger n'est-il pas fait pour être mangé?»
"Is that which is pleasant to eat not made to be eaten?"
«Y a-t-il du poison dans ce qui est doux à boire?»
"Is there poison in that which is sweet to drink?"
«Ne te tourmente pas, mais viens avec moi dans une autre ville»
"Trouble not thyself, but come with me to another city"
«Il y a une petite ville avec un jardin de tulipiers »
"There is a little city with a garden of tulip-trees"
«Dans son jardin, il y a des paons blancs »
"in its garden there are white peacocks"
«Et il y a des paons qui ont des seins bleus »
"and there are peacocks that have blue breasts"
«Leurs queues sont comme des disques d'ivoire »
"Their tails are like disks of ivory"
«Quand ils déploient leur queue au soleil »
"when they spread their tails in the sun"
«Et celle qui les nourrit danse pour leur plaisir »
"And she who feeds them dances for their pleasure"
«Et parfois elle danse sur ses mains »
"and sometimes she dances on her hands"
«Et à d'autres moments, elle danse avec ses pieds »

"and at other times she dances with her feet"
«Ses yeux sont colorés de stibium »
"Her eyes are coloured with stibium"
«Ses narines ont la forme des ailes d'une hirondelle »
"her nostrils are shaped like the wings of a swallow"
«Et elle rit en dansant »
"and she laughs while she dances"
«Et les anneaux d'argent sur son anneau de cheville »
"and the silver rings on her ankles ring"
«Ne te tourmente plus»
"Don't trouble thyself any more"
«Viens avec moi dans cette ville »
"come with me to this city"

Mais le jeune pêcheur ne répondit pas à son âme
But the young Fisherman did not answer his Soul
Il ferma les lèvres avec le sceau du silence
he closed his lips with the seal of silence
et il se lia les mains avec une corde serrée
and he bound his own hands with a tight cord
Et il retourna d'où il était venu
and he journeyed back to from where he had come
Il retourna à la petite baie
he journeyd back to the little bay
et il se rendit là où son amour avait chanté pour lui
and he journeyed to where his love had sung for him
Son Âme a essayé de le tenter en cours de route
His Soul tried to tempt him along the way
mais il ne répondit pas à son âme
but he made his Soul no answer
et il n'a rien fait de la méchanceté de son âme
and he did none of his Soul's wickedness
Tant était grande la puissance de l'amour qui était en lui
so great was the power of the love that was within him
Quand il atteignit le rivage, il desserra la corde
when he reached the shore he loosened the cord

Et il ôta de ses lèvres le sceau du silence
and he took the seal of silence from his lips
il appela la petite Sirène
he called out to the little Mermaid
Mais elle n'a pas répondu à son appel pour elle
But she did not answer his call for her
Elle ne répondit pas, bien qu'il l'appelât toute la journée
she did not answer, although he called all day
son âme se moqua du jeune pêcheur
his Soul mocked the young Fisherman
«Tu as peu de joie à cause de ton amour »
"you have little joy out of thy love"
«Vous versez de l'eau dans un vase brisé »
"you are pouring water into a broken vessel"
«Tu as donné ce que tu avais »
"you have given away what you had"
«Mais rien ne vous a été donné en retour »
"but nothing has been given to you in return"
«Ce serait mieux si tu venais avec moi »
"It would be better if you came with me"
«parce que je sais où se trouve la Vallée du Plaisir »
"because I know where the Valley of Pleasure lies"
Mais le jeune pêcheur ne répondit pas à son âme
But the young Fisherman did not answer his Soul

Dans une fente du rocher, il se construisit une maison
in a cleft of the rock he built himself a house
et il demeura là pendant l'espace d'un an
and he abode there for the space of a year
tous les matins, il appelait la Sirène
every morning he called to the Mermaid
et tous les midis, il l'appelait de nouveau
and every noon he called to her again
et la nuit, il prononçait son nom
and at night-time he spoke her name
mais elle ne sortit jamais de la mer pour aller à sa rencontre

but she never rose out of the sea to meet him
et il ne pouvait la trouver nulle part dans la mer
and he could not find her anywhere in the sea
il la chercha dans les grottes
he sought for her in the caves
il la chercha dans l'eau verte
he sought for her in the green water
il la chercha dans les bassins de la marée
he sought for her in the pools of the tide
et il la chercha dans les puits
and he sought for her in the wells
les puits qui sont au fond de l'abîme
the wells that are at the bottom of the deep
son Âme n'a pas cessé de le tenter par le mal
his Soul didn't stop tempting him with evil
et il lui chuchotait des choses terribles
and it whispered terrible things to him
mais son âme ne pouvait prévaloir contre lui
but his Soul could not prevail against him
La puissance de son amour était trop grande
the power of his love was too great

après la fin de l'année, l'Âme pensait en elle-même
after the year was over the Soul thought within itself
«J'ai tenté mon maître par le mal »
"I have tempted my master with evil"
«mais son amour est plus fort que moi »
"but his love is stronger than I am"
«Je vais le tenter maintenant par le bien »
"I will tempt him now with good"
«Il se peut qu'il vienne avec moi »
"it may be that he will come with me"
Il parla donc au jeune pêcheur
So he spoke to the young Fisherman
«Je t'ai parlé de la joie du monde »
"I have told thee of the joy of the world"

«Et tu m'as fait la sourde oreille»
"and thou hast turned a deaf ear to me"
«Permets-moi de te parler de la douleur du monde »
"allow me to tell thee of the world's pain"
«Et il se peut que vous écoutiez »
"and it may be that you will listen"
«parce que la douleur est le Seigneur de ce monde»
"because pain is the Lord of this world"
«Et il n'y a personne qui échappe à son filet »
"and there is no one who escapes from its net"
«Il y en a qui manquent de vêtements »
"There be some who lack raiment"
«Et il y en a d'autres qui manquent de pain »
"and there are others who lack bread"
«Il y a des veuves qui s'assoient en pourpre »
"There are widows who sit in purple"
«Et il y a des veuves qui sont assises en haillons »
"and there are widows who sit in rags"
«Les mendiants montent et descendent sur les routes »
"The beggars go up and down on the roads"
«Et les poches des mendiants sont vides »
"and the pockets of the beggars are empty"
«Dans les rues des villes marche la famine »
"Through the streets of the cities walks famine"
«Et la peste est assise à leurs portes »
"and the plague sits at their gates"
«Venez, sortons et réparons ces choses»
"Come, let us go forth and mend these things"
«Faisons en sorte que ces choses soient différentes»
"let us make these things be different"
«Pourquoi attendrais-tu ici en invoquant ton amour?»
"why should you wait here calling to thy love?"
«Elle ne viendra pas à ton appel »
"she will not come to your call"
— Et qu'est-ce que l'amour?
"And what is love?"

«Et pourquoi l'estimez-vous tant?»
"And why do you value it so highly?"
Mais le jeune pêcheur ne répondit pas à son âme
But the young Fisherman didn't answer his Soul
tant était grande la puissance de son amour
so great was the power of his love
Et tous les matins, il appelait la Sirène
And every morning he called to the Mermaid
et tous les midis, il l'appelait de nouveau
and every noon he called to her again
et la nuit, il prononçait son nom
and at night-time he spoke her name
Pourtant, jamais elle ne sortit de la mer pour aller à sa rencontre
Yet never did she rise out of the sea to meet him
et dans aucun endroit de la mer il ne pouvait la trouver
nor in any place of the sea could he find her
bien qu'il l'ait cherchée dans les fleuves de la mer
though he sought for her in the rivers of the sea
et dans les vallées qui sont sous les flots
and in the valleys that are under the waves
dans la mer que la nuit rend pourpre
in the sea that the night makes purple
et dans la mer que l'aube laisse grise
and in the sea that the dawn leaves grey

Après la fin de la deuxième année
after the second year was over
l'Âme parla au jeune Pêcheur la nuit
the Soul spoke to the young Fisherman at night-time
tandis qu'il était assis seul dans la maison caronculée
while he sat in the wattled house alone
«Je t'ai tenté par le mal»
"I have tempted thee with evil"
«Et je t'ai tenté par le bien»
"and I have tempted thee with good"

«Et ton amour est plus fort que moi »
"and thy love is stronger than I am"
«Je ne te tenterai plus»
"I will tempt thee no longer"
«Mais s'il te plaît, permets-moi d'entrer dans ton cœur »
"but please, allow me to enter thy heart"
«afin que je ne fasse qu'un avec toi, comme auparavant»
"so that I may be one with thee, as before"
— Tu peux entrer, dit le jeune pêcheur
"thou mayest enter," said the young Fisherman
«Parce que quand tu n'avais pas de cœur, tu as dû souffrir »
"because when you had no heart you must have suffered"
«Hélas!» s'écria son âme
"Alas!" cried his Soul
«Je ne trouve pas de lieu d'entrée »
"I can find no place of entrance"
«Tant ce cœur est entouré d'amour »
"so compassed about with love is this heart of thine"
— Je voudrais pouvoir t'aider, dit le jeune pêcheur
"I wish that I could help thee," said the young Fisherman
Pendant qu'il parlait, un grand cri de deuil s'éleva de la mer
while he spoke there came a great cry of mourning from the sea
le cri que les hommes entendent quand l'un des gens de la mer est mort
the cry that men hear when one of the Sea-folk is dead
le jeune pêcheur se leva d'un bond et sortit de chez lui
the young Fisherman leapt up and left his house
Et il courut jusqu'au rivage
and he ran down to the shore
Les vagues noires se précipitaient sur le rivage
the black waves came hurrying to the shore
Les vagues portaient un fardeau plus blanc que l'argent
the waves carried a burden that was whiter than silver
C'était aussi blanc que le ressac
it was as white as the surf

et il se balançait sur les vagues comme une fleur
and it tossed on the waves like a flower
Et le ressac l'a emporté des vagues
And the surf took it from the waves
et l'écume l'a emporté des vagues
and the foam took it from the surf
et le rivage l'a reçu
and the shore received it
À ses pieds gisait le corps de la petite Sirène
lying at his feet was the body of the little Mermaid
Elle gisait morte à ses pieds
She was lying dead at his feet
Il se jeta à côté d'elle et pleura
he flung himself beside her, and wept
Il embrassa le rouge froid de sa bouche
he kissed the cold red of her mouth
et il caressa l'ambre humide de ses cheveux
and he stroked the wet amber of her hair
Il pleurait comme quelqu'un qui tremble de joie
he wept like someone trembling with joy
Dans ses bras bruns, il la serrait contre sa poitrine
in his brown arms he held her to his breast
Les lèvres étaient froides, mais il les baisa
Cold were the lips, yet he kissed them
salé était le miel de ses cheveux
salty was the honey of her hair
mais il y goûta avec une joie amère
yet he tasted it with a bitter joy
Il embrassa ses paupières closes
He kissed her closed eyelids
Les embruns sauvages qui s'étendaient sur elle étaient moins salés que ses larmes
the wild spray that lay upon her was less salty than his tears
À la petite sirène morte, il a fait une confession
to the dead little mermaid he made a confession
Dans les coquilles de ses oreilles, il versa le vin âpre de son

conte
Into the shells of her ears he poured the harsh wine of his tale
Il mit les petites mains autour de son cou
He put the little hands round his neck
et, de ses doigts, il toucha le mince roseau de sa gorge
and with his fingers he touched the thin reed of her throat
Sa joie était amère et profonde
his joy was bitter and deep
et sa douleur était pleine d'une étrange allégresse
and his pain was full of a strange gladness
La mer Noire s'est rapprochée
The black sea came nearer
et l'écume blanche gémissait comme un lépreux
and the white foam moaned like a leper
la mer s'agrippait au rivage avec ses griffes blanches d'écume
the sea grabbed at the shore with its white claws of foam
Du palais du Roi-de-la-Mer, le cri de deuil revint
From the palace of the Sea-King came the cry of mourning again
au loin, sur la mer, on entendait les grands Tritons
far out upon the sea the great Tritons could be heard
ils soufflaient d'une voix rauque sur leurs cornes
they blew hoarsely upon their horns
«Fuyez,» dit son Âme
"Flee away," said his Soul
«Si la mer s'approche, elle te tuera»
"if the sea comes nearer it will slay thee"
«S'il vous plaît, partons, car j'ai peur»
"please, let us leave, for I am afraid"
«Parce que ton cœur m'est fermé»
"because thy heart is closed against me"
«C'est de la grandeur de ton amour que je t'en supplie
"out of the greatness of thy love I beg you
«Fuyez vers un lieu sûr»
"flee away to a place of safety"

«Tu ne me ferais pas ça à nouveau?»
"Surely you would not do this to me again?"
«Ne m'envoie pas dans un autre monde sans cœur»
"do not send me into another world without a heart"
le jeune pêcheur n'écouta pas son âme
the young Fisherman did not listen to his Soul
mais il s'est approché de la petite Sirène
but he spole to the little Mermaid
et il a dit : «L'amour vaut mieux que la sagesse»
and he said, "Love is better than wisdom"
«L'amour est plus précieux que les richesses »
"love is more precious than riches"
«L'amour est plus beau que les pieds des filles des hommes»
"love fairer than the feet of the daughters of men"
«Les feux du monde ne peuvent pas détruire l'amour »
"The fires of the world cannot destroy love"
«Les eaux de la mer ne peuvent éteindre l'amour »
"the waters of the sea cannot quench love"
«Je t'ai appelé à l'aube »
"I called on thee at dawn"
«Et tu n'es pas venu à mon appel»
"and thou didst not come to my call"
«La lune a entendu ton nom »
"The moon heard thy name"
«Mais la lune ne m'a pas répondu »
"but the moon didn't answer me"
«Je t'ai quitté pour faire le mal »
"I left thee in order to do evil"
«Et j'ai souffert pour ce que j'ai fait »
"and I have suffered for what I've done"
«Mais mon amour pour toi ne m'a jamais quitté »
"but my love for you has never left me"
«Et mon amour a toujours été fort »
"and my love was always strong"
«Rien n'a prévalu contre mon amour »
"nothing prevailed against my love"

«Bien que j'aie regardé le mal»
"though I have looked upon evil"
«et j'ai regardé le bien »
"and I have looked upon good"
«Maintenant que tu es mort, je mourrai aussi avec toi»
"now that thou are dead, I will also die with thee"
son Âme le supplia de s'en aller
his Soul begged him to depart
mais il ne voulut pas s'en aller, tant son amour était grand
but he would not leave, so great was his love
La mer s'est rapprochée du rivage
the sea came nearer to the shore
et la mer cherchait à le couvrir de ses flots
and the sea sought to cover him with its waves
le jeune pêcheur savait que la fin était proche
the young Fisherman knew that the end was at hand
il baisa les lèvres froides de la Sirène
he kissed the cold lips of the Mermaid
et le cœur qui était en lui se brisa
and the heart that was within him broke
De la plénitude de son amour, son cœur s'est brisé
from the fullness of his love his heart did break
l'Âme trouva une entrée, et entra dans son cœur
the Soul found an entrance, and entered his heart
son Âme ne faisait qu'un avec lui, comme auparavant
his Soul was one with him, just like before
Et la mer couvrit de ses vagues le jeune pêcheur
And the sea covered the young Fisherman with its waves

Bénédictions
Blessings

le matin, le prêtre sortit pour bénir la mer
in the morning the Priest went forth to bless the sea
parce que le prêtre avait été troublé cette nuit-là
because the Priest had been troubled that night
Les moines et les musiciens l'accompagnaient
the monks and the musicians went with him
et les porteurs de cierges vinrent aussi avec le prêtre
and the candle-bearers came with the Priest too
et les balances d'encensoirs vinrent avec le prêtre
and the swingers of censers came with the Priest
et une grande troupe de gens le suivit
and a great company of people followed him
quand le prêtre arriva sur le rivage, il vit le jeune pêcheur
when the Priest reached the shore he saw the young Fisherman
Il gisait noyé dans les vagues
he was lying drowned in the surf
dans ses bras se trouvait le corps de la petite Sirène
clasped in his arms was the body of the little Mermaid
Et le prêtre recula en fronçant les sourcils
And the Priest drew back frowning
Il fit le signe de la croix et s'écria à haute voix :
he made the sign of the cross and exclaimed aloud:
«Je ne bénirai ni la mer, ni rien de ce qui s'y trouve»
"I will not bless the sea, nor anything that is in it"
«Maudits soient les gens de la mer et ceux qui trafiquent avec eux »
"Accursed be the Sea-folk and those who traffic with them"
— Et quant au jeune pêcheur ;
"And as for the young Fisherman;"
«il a abandonné Dieu par amour»
"he forsook God for the sake of love"
«Et maintenant, il est couché ici avec son amant »

"and now he lays here with his lover"
«il a été tué par le jugement de Dieu»
"he was slain by God's judgement"
«Prends son corps et le corps de son amant»
"take up his body and the body of his lover"
«enterrez-les dans un coin du champ »
"bury them in the corner of the Field"
«Que l'on ne marque pas de la raison pour laquelle ils ont été placés au-dessus d'eux »
"let no mark of why they were be set above them"
«Ne leur donnez aucun signe d'aucune sorte »
"don't give them any sign of any kind"
«Nul ne connaîtra le lieu de leur repos»
"none shall know the place of their resting"
«parce qu'ils ont été maudits dans leur vie »
"because they were accursed in their lives"
«Et ils seront maudits dans leur mort»
"and they shall be accursed in their deaths"
Et le peuple fit ce qu'il lui avait ordonné
And the people did as he commanded them
dans un coin du champ où il n'y avait pas d'herbes douces
in the corner of the field where no sweet herbs grew
Ils ont creusé une fosse profonde pour leurs tombes
they dug a deep pit for their graves
et ils déposèrent les cadavres dans la fosse
and they laid the dead things within the pit

à la fin de la troisième année
when the third year was over
un jour qui était un jour saint
on a day that was a holy day
le prêtre monta à la chapelle
the Priest went up to the chapel
il est allé montrer au peuple les plaies du Seigneur
he went to show the people the wounds of the Lord
et il leur parla de la colère de Dieu

and he spoke to them about the wrath of God
il se prosterna devant l'autel
he bowed himself before the altar
Il vit que l'autel était couvert de fleurs étranges
he saw the altar was covered with strange flowers
Des fleurs qu'il n'avait jamais vues auparavant
flowers that he had never seen before
Ils étaient étranges à regarder
they were strange to look at
mais ils avaient une beauté intéressante et aimable
but they had an interesting kind beauty
Leur beauté le troublait d'une étrange façon
their beauty troubled him in a strange way
Leur odeur était douce dans ses narines
their odour was sweet in his nostrils
Il se sentait heureux, mais il ne comprenait pas pourquoi
he felt glad, but he did not understand why
Il se mit à parler au peuple
he began to speak to the people
il voulait leur parler de la colère de Dieu
he wanted to speak to them about the wrath of God
mais la beauté des fleurs blanches le troublait
but the beauty of the white flowers troubled him
et leur odeur était suave dans ses narines
and their odour was sweet in his nostrils
Et un autre mot lui vint aux lèvres
and another word came onto his lip
il n'a pas parlé de la colère de Dieu
he did not speak about the wrath of God
mais il a parlé du Dieu dont le nom est Amour
but he spoke of the God whose name is Love
Il ne savait pas pourquoi il parlait de cela
he did not know why he spoke of this
Quand il eut fini, le peuple pleura
when he had finished the people wept
le prêtre retourna à la sacristie

the Priest went back to the sacristy
et ses yeux aussi étaient pleins de larmes
and his eyes too were full of tears
Les diacres entrèrent et commencèrent à le déshabiller
the deacons came in and began to unrobe him
Et il se tenait debout comme s'il était dans un rêve
And he stood as if he was in a dream
«Quelles sont les fleurs qui se trouvent sur l'autel?»
"What are the flowers that stand on the altar?"
«D'où viennent-ils?»
"where did they come from?"
Et ils lui répondirent
And they answered him
«De quelles fleurs s'agit-il, nous ne pouvons pas le dire »
"What flowers they are we cannot tell"
«Mais ils viennent du coin du champ »
"but they come from the corner of the field"
le prêtre trembla à ce qu'il entendit
the Priest trembled at what he heard
Et il retourna chez lui et pria
and he returned to his house and prayed

le matin, alors qu'il faisait encore jour
in the morning, while it was still dawn
Le prêtre sortit avec les moines
the priest went forth with the monks
Il sortit avec les musiciens
he went forth with the musicians
les porteurs de bougies et les balances d'encensoirs
the candle-bearers and the swingers of censers
Et il avait une grande compagnie de gens
and he had a great company of people
et il arriva au rivage de la mer
and he came to the shore of the sea
Il leur a montré comment il bénissait la mer
he showed them how he blessed the sea

et il a béni toutes les choses sauvages qui s'y trouvent
and he blessed all the wild things that are in it
Il bénit aussi les faunes
he also blessed the fauns
et il bénit les petites choses qui dansent dans la forêt
and he blessed the little things that dance in the woodland
et il bénit les choses aux yeux brillants qui regardent à travers les feuilles
and he blessed the bright-eyed things that peer through the leaves
il a béni toutes les choses du monde de Dieu
he blessed all the things in God's world
et le peuple fut rempli de joie et d'émerveillement
and the people were filled with joy and wonder
Mais les fleurs n'ont plus jamais repoussé dans le coin du champ
but flowers never grew again in the corner of the field
et les gens de la mer ne revinrent plus jamais dans la baie
and the Sea-folk never came into the bay again
parce qu'ils étaient allés dans une autre partie de la mer
because they had gone to another part of the sea

La fin
The End

www.tranzlaty.com

www.ingramcontent.com/pod-product-compliance
Lightning Source LLC
Chambersburg PA
CBHW030307100526
44590CB00012B/547